KB118987

다산스쿨 교육연구소 지음

5

다산스쿨

교과서를 읽지 못하는 아이들

요즘 아이들은 글을 읽지 못해서 시험 문제를 풀지 못한다고 합니다. 우리 아이는 한글을 잘 읽는데, 이게 무슨 말일까요?

아이가 만나는 모든 교과서와 시험 문제는 수많은 어휘로 이루어져 있습니다. 따라서 어휘의 뜻을 제대로 해석하지 못한다면 글을 읽는다고 할 수 없지요. 글을 읽지 못하면 모든 과목에서 지식을 습득하기 어렵고, 이는 문제를 푸는 능력에도 영향을 미칩니다. 왜 이런 일이 일어날까요?

답은 현저히 낮은 아이들의 문해력에서 찾을 수 있습니다. '문해력'이란 글을 읽고 쓸 수 있는 능력을 말합니다. 단순히 글자를 읽는 것이 아니라, 사고 과정을 통해서 글의 맥락을 파악하고 표현할 수 있는 능력이지요. 교과목이 늘어나고 본격적인 학습이 등장하는 초등 3학년 시기가 되면, 문해력이 부족한 아이는 고급 어휘들을 이해하지 못하면서 학습 격차가 발생하기 시작합니다. 그래서 초등 저학년 시기에 문해력의 기초를 탄탄하게 다져 놓아야 합니다.

교과 학습의 키, 학습도구어!

문해력은 어떻게 향상시킬 수 있을까요? 많은 전문가가 문해력의 가장 기본 요소로 어휘를 제시하고 있습니다. 소릿값이 합쳐져 이루어진 단어를 읽고 그 의미를 바로 파악하는 어휘력이 문해력의 시작입니다.

일상에서 자유롭게 대화를 하던 아이들이 갑자기 머리를 쥐어짜게 만드는 어휘가 있는데, 이것이 바로 '학습도구어'입니다. 학습도구어는 교과서와 같은 학술 텍스트에서 자주 사용되는 어휘로, 교과서를 읽고 사고를 정교화하기 위해 필수적으로 알아야 하는 단어입니다. 학습도구어를 아는 것은 교과 이해도를 높이는 데 필수적이고, 이는 결국 학습 실력의 차이로 이어집니다.

- 다음 장면과 관련이 없는 것을 골라 보세요.
- 지도는 사용 목적에 따라 구분할 수 있다.
- 일정한 규칙으로 나열된 숫자를 보고, 아래 문제를 풀어 보세요.

우리 아이는 교과서, 수행 평가, 시험 문제 등에서 이런 문장을 접하게 됩니다. '장면, 관련, 목적, 구분, 일정, 규칙'은 해당 과목의 지식 내용은 아니지만, 모르면 문장을 이해할 수 없는 중요한 어휘, 학습도구어입니다. 이를 모르는 아이는 결국 사회 교과서에서 설명하는 지도의 내용을 이해하기 어렵고, 덧셈과 뺄셈을 할 수 있어도 수학 문제를 풀지 못합니다. 문장 속 교과 지식이 아니라 문장을 이루는 학습도구어를 어려워하는 것이지요. 게다가 고학년으로 올라갈수록 교과서에 등장하는 학습도구어는 더욱 어려워집니다. 따라서 교과 지식을 받아들이고 인출하기 위해서는 학습도구어를 정확하게 학습하고 활용할 수 있어야 합니다.

●핵심 학습도구어와 수백 개의 확장 어휘를 한눈에 익히는 책

학습도구어의 중요성을 알아도 아이의 학년에 맞는 어휘를 하나하나 찾아서 가르치기란 쉽지 않습니다. 그래서 본 책에서는 초등 저학년에 꼭 필요한 100개의 학습도구어를 선정하고 이로부터 600여 개의 어휘를 확장해서 학습하도록 구성했습니다.

핵심 어휘는 초등 1~3학년 교과서를 기반으로 주요 학습도구어를 추출한 뒤, 국립국어원 『현대 국어 사용 빈도 조사』 보고서의 빈도 순위를 반영하여 선정했습니다. 아이들은 다섯 권의 책을 통해 1일 1학습도구어를 익히며 쉽고 재미있게 어휘력을 키우고, 핵심 어휘와 관련된 단어들을 연결하며 점진적으로 어휘를 확장해 갈 수 있습니다. 또한 핵심 학습도구어가 나오는 생활 만화를 통해 단어가 쓰이는 맥락과 상황을 익숙하게 받아들이게 됩니다. 뿐만 아니라 속담과 사자성어, 관용어 등을 학습하면서 단어에서 문장으로 사고를 확장하고, 이를 바탕으로 해당 단어를 문장과 문단 속에 적용하는 활동을 하면서 언어 능력을 향상시킬 수 있습니다.

●초등 학습의 시작, 학습도구어!

우리 아이가 학교 수업을 잘 이해하고 표현했으면 하는 마음은 모두 같습니다. 본격적인 읽기가 시작되는 문해력 입문기의 아이에게 학습도구어는 그 길을 열어 주는 도구가 될 것입니다.

다산스쿨 교육연구소

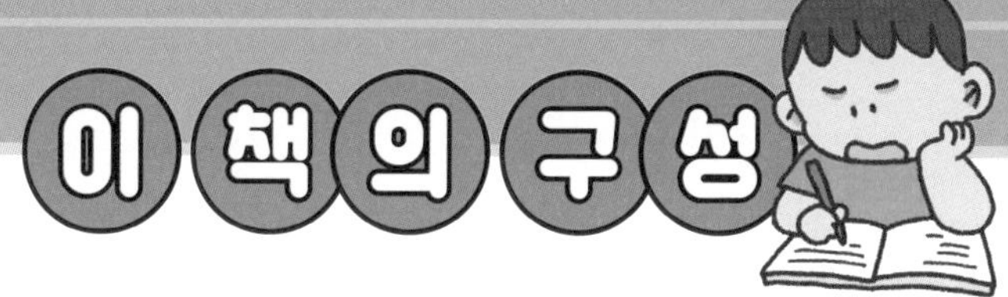

1일 1어휘 학습하기

우리 아이에게 꼭 필요한 학습도구어를 하루에 하나씩 아이들의 눈높이에 맞춰 익힐 수 있습니다.

공부한 날짜를 쓰고 오늘의 어휘를 학습합니다.

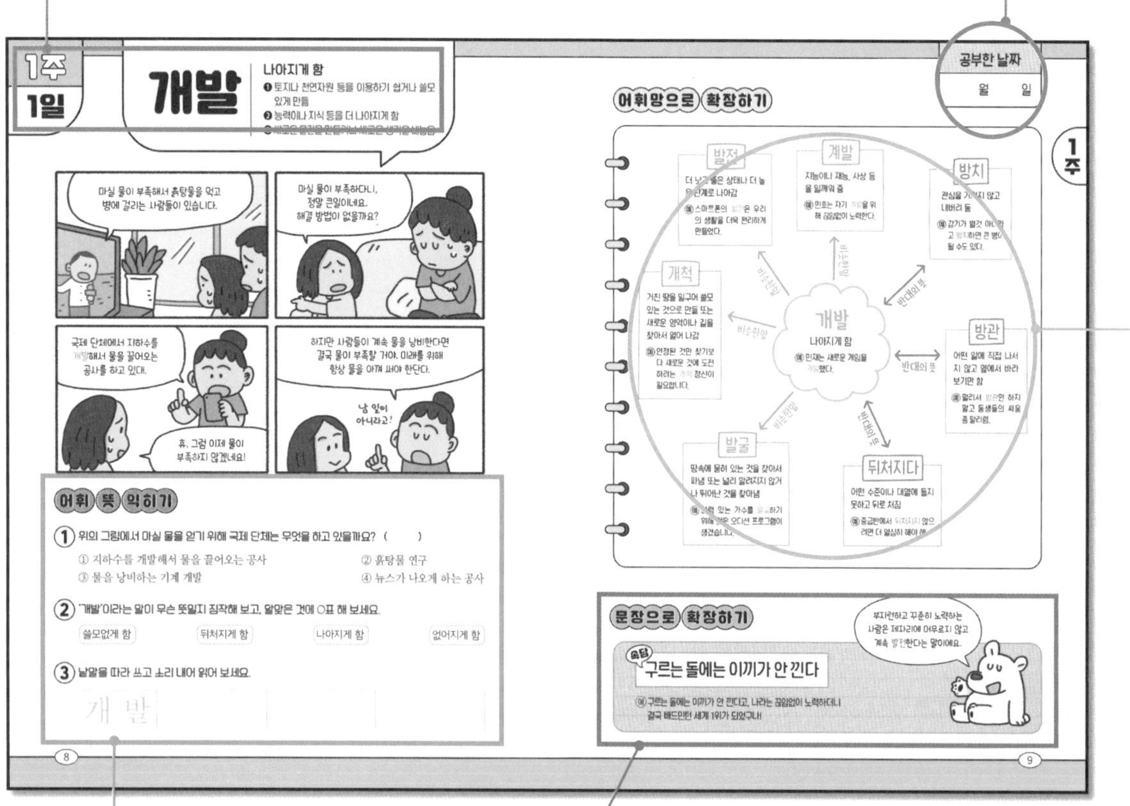

어휘 뜻 익히기

생활 만화를 통해 어휘의 쓰임을 알고, 문제를 풀며 어휘를 확인합니다.

문장으로 확장하기

속담, 사자성어, 관용어 등을 알아보며 어휘의 쓰임을 이해합니다.

어휘망으로 확장하기

어휘망으로 오늘의 핵심 어휘와 관련된 주변 어휘까지 한눈에 학습할 수 있습니다.

확장 어휘

비슷한말: 핵심 단어와 같은 맥락에서 쓸 수 있는 유사한 뜻의 단어
반대의 뜻: 핵심 단어와 반대의 상황에서 쓸 수 있는 서로 다른 단어
파생어: 핵심 단어에 '-력, -화'와 같은 접사를 붙여 새로운 뜻을 표현하는 단어
합성어: 핵심 단어에 또 다른 단어가 결합해 생성된 단어
활용: 핵심 단어를 일상에서 자유롭게 확장하여 쓰는 말
헷갈리기 쉬운 말: 핵심 단어와 발음이 같거나 유사하지만 다른 뜻을 가진 단어
속담: 예로부터 전해 내려오는 삶에 대한 교훈이나 주의를 표현한 짧은 글 또는 가르침을 주는 말
사자성어: 한자 네 자로 이루어진 옛말로, 교훈이나 유래를 담고 있음.
관용어: 두 개 이상의 단어로 이루어져서 특수한 의미를 나타내는 어구

——(실선): 핵심 단어와 관련성이 강함.
- - -(점선): 핵심 단어와 관련성이 약함.

어휘 뜻 확인하기

문장 속에 들어갈 어휘를 찾는 문제를 통해 단어가 쓰이는 상황적 맥락을 이해할 수 있습니다.

실전 문제 풀이

핵심 단어가 쓰이는 속담과 상황 문제를 풀면서 단어의 실제 쓰임을 생각해 볼 수 있습니다.

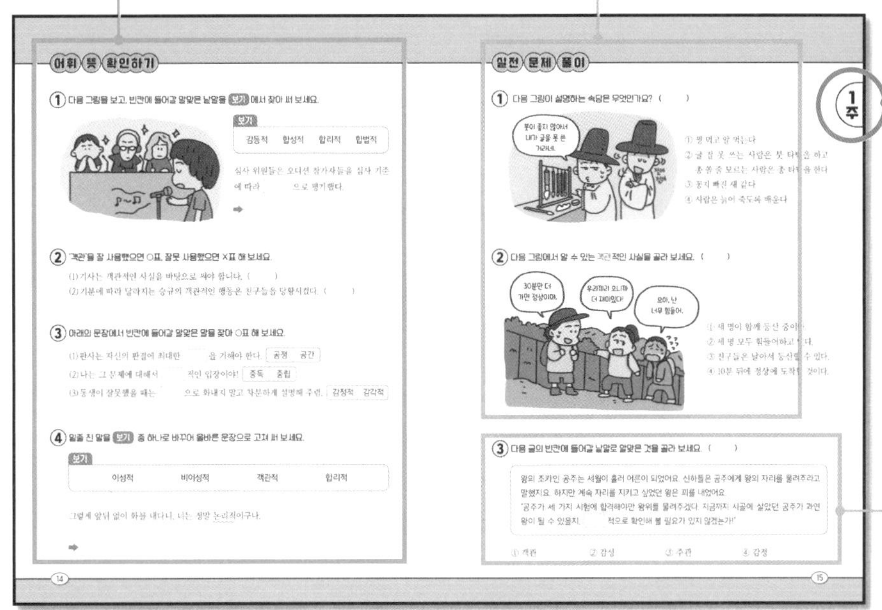

어휘 뜻 확인하기

1 다음 그림을 보고, 빈칸에 들어갈 알맞은 낱말을 보기 에서 찾아 써 보세요.

2 '객관'을 잘 사용했으면 ○표, 잘못 사용했으면 ×표 해 보세요.

3 아래의 문장에서 빈칸에 들어갈 알맞은 말을 찾아 ○표 해 보세요.

4 밑줄 친 말을 보기 중 하나로 바꾸어 올바른 문장으로 고쳐 써 보세요.

보기: 이성적 비이성적 객관적 합리적

실전 문제 풀이

1 다음 그림이 설명하는 속담은 무엇인가요? ( )

2 다음 그림에서 알 수 있는 객관적인 사실을 골라 보세요. ( )

3 다음 글의 빈칸에 들어갈 낱말로 알맞은 것을 골라 보세요. ( )

학습하는 주를 한눈에 알 수 있습니다.

한 편의 글 속에 들어갈 단어를 찾으면서 어휘에 대한 이해도를 한 단계 높이고 독해력과 사고력을 키웁니다.

확인 학습

한 주 동안 배운 핵심 어휘와 주변의 확장 단어를 포괄적으로 확인할 수 있습니다. 한 주간 학습한 단어를 잘 기억하고 있는지 점검해 봅니다.

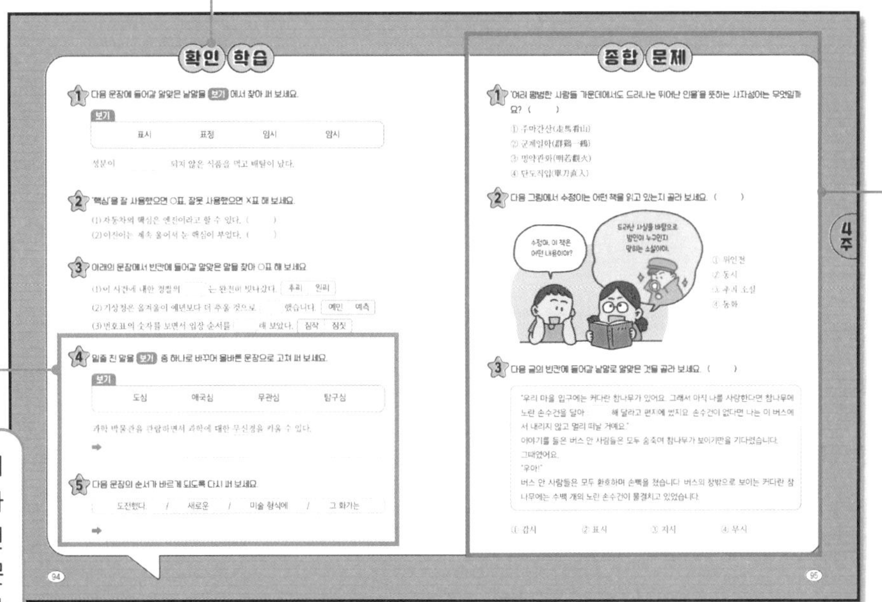

확인 학습

1 다음 문장에 들어갈 알맞은 낱말을 보기 에서 찾아 써 보세요.

2 '핵심'을 잘 사용했으면 ○표, 잘못 사용했으면 ×표 해 보세요.

3 아래의 문장에서 빈칸에 들어갈 알맞은 말을 찾아 ○표 해 보세요.

4 밑줄 친 말을 보기 중 하나로 바꾸어 올바른 문장으로 고쳐 써 보세요.

5 다음 문장의 순서가 바르게 되도록 다시 써 보세요.

종합 문제

종합 문제

한 주를 완성하는 실전 문제를 통해, 각 주의 단어를 활용하면서 마무리할 수 있습니다.

문장에 잘못된 단어를 고쳐 쓰거나 바른 순서로 다시 쓰면서 문법에 맞게 문장을 쓰는 연습을 합니다.

차례

우리 아이 학습을 끌어 주는 열쇠! 학습도구어

초등 학습에 꼭 필요한 100개의 학습도구어와 600여 개의 확장 어휘를 학습해 보세요!

★정답은 96쪽에서 확인할 수 있습니다.

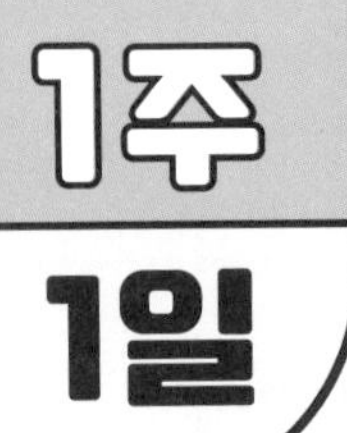

개발

나아지게 함

❶ 토지나 천연자원 등을 이용하기 쉽거나 쓸모 있게 만듦
❷ 능력이나 지식 등을 더 나아지게 함
❸ 새로운 물건을 만들거나 새로운 생각을 내놓음

어휘 뜻 익히기

1 위의 그림에서 마실 물을 얻기 위해 국제 단체는 무엇을 하고 있을까요? (　　　)

① 지하수를 개발해서 물을 끌어오는 공사　② 흙탕물 연구
③ 물을 낭비하는 기계 개발　④ 뉴스가 나오게 하는 공사

2 '개발'이라는 말이 무슨 뜻일지 짐작해 보고, 알맞은 것에 ○표 해 보세요.

쓸모없게 함　뒤처지게 함　나아지게 함　없어지게 함

3 낱말을 따라 쓰고 소리 내어 읽어 보세요.

개 발

어휘망으로 확장하기

개발
나아지게 함
㉠ 민재는 새로운 게임을 개발했다.

발전 (비슷한말)
더 낫고 좋은 상태나 더 높은 단계로 나아감
㉠ 스마트폰의 발전은 우리의 생활을 더욱 편리하게 만들었다.

계발 (비슷한말)
지능이나 재능, 사상 등을 일깨워 줌
㉠ 민호는 자기 계발을 위해 끊임없이 노력한다.

방치 (반대의 뜻)
관심을 가지지 않고 내버려 둠
㉠ 감기가 별것 아니라고 방치하면 큰 병이 될 수도 있다.

개척 (비슷한말)
거친 땅을 일구어 쓸모 있는 것으로 만듦 또는 새로운 영역이나 길을 찾아서 열어 나감
㉠ 안정된 것만 찾기보다 새로운 것에 도전하려는 개척 정신이 필요합니다.

방관 (반대의 뜻)
어떤 일에 직접 나서지 않고 옆에서 바라보기만 함
㉠ 멀리서 방관만 하지 말고 동생들의 싸움 좀 말리렴.

발굴 (비슷한말)
땅속에 묻혀 있는 것을 찾아서 파냄 또는 널리 알려지지 않거나 뛰어난 것을 찾아냄
㉠ 실력 있는 가수를 발굴하기 위해 많은 오디션 프로그램이 생겼습니다.

뒤처지다 (반대의 뜻)
어떤 수준이나 대열에 들지 못하고 뒤로 처짐
㉠ 중급반에서 뒤처지지 않으려면 더 열심히 해야 해.

문장으로 확장하기

속담
구르는 돌에는 이끼가 안 낀다

㉠ 구르는 돌에는 이끼가 안 낀다고, 나라는 끊임없이 노력하더니 결국 배드민턴 세계 1위가 되었구나!

부지런하고 꾸준히 노력하는 사람은 제자리에 머무르지 않고 계속 발전한다는 말이에요.

어휘 뜻 확인하기

1 다음 그림을 보고, 빈칸에 들어갈 알맞은 낱말을 보기 에서 찾아 써 보세요.

우아~, 이 가격에
이 맛과 양이라니!
너무 맛있어!

보기

개인 개요 개발 발사

다산식당은 새로운 메뉴를 계속 (   ) 합니다.

➡ ______________________

2 '개발'을 잘 사용했으면 ○표, 잘못 사용했으면 X표 해 보세요.

(1) 버려진 땅을 공원으로 개발했다. (   )

(2) 중급반에서 개발하지 않으려면 더 열심히 해야 해. (   )

3 아래의 문장에서 빈칸에 들어갈 알맞은 말을 찾아 ○표 해 보세요.

(1) 민호는 자기 (   ) 을 위해 끊임없이 노력합니다. | 계발 | 계산 |

(2) 안정된 것만 찾기보다, 새로운 것에 도전하려는 (   ) 정신이 필요합니다. | 개척 | 개인 |

(3) 멀리서 (   ) 만 하지 말고 싸움 좀 말리렴. | 방학 | 방관 |

4 밑줄 친 말을 보기 중 하나로 바꾸어 올바른 문장으로 고쳐 써 보세요.

보기

방치 가치 방향 발굴

감기가 별것 아니라고 계발하면 큰 병이 될 수도 있다.

➡ ______________________

실전 문제 풀이

① 다음 그림에 어울리는 속담은 무엇인가요? (　　　)

① 소 잃고 외양간 고친다
② 한강에 돌 던지기
③ 구르는 돌에는 이끼가 안 낀다
④ 물이 깊을수록 소리가 없다

② 어른들이 지수를 보며 할 말로 적절한 것을 골라 보세요. (　　　)

① 지수의 피아노 연주는 너무 엉망이야.
② 지수의 재능을 더 계발시켜 줘야겠어.
③ 여행을 어디로 가는 게 좋을지 의논합시다.
④ 우리가 요즘 운동을 너무 안 하지?

③ 다음 글의 빈칸에 들어갈 낱말로 알맞은 것을 골라 보세요. (　　　)

> 조선은 엄격한 신분제 사회였기 때문에, 아무리 재주가 뛰어나도 신분이 낮으면 벼슬에 나아가지 못했어요. 하지만 세종 대왕은 신분과 관계없이 지혜롭고 재주가 뛰어난 인재를 (　　　)해 곁에 두었습니다. 그중 한 명이 바로 조선의 과학자이자 발명가인 장영실입니다. 세종의 발탁으로 궁중 기술자가 된 장영실은 별의 움직임을 살펴보고, 이를 기록할 수 있는 기구를 만들라는 명을 받들었어요.

① 발생　　② 발전　　③ 발굴　　④ 발달

1주 2일

객관

있는 그대로 생각함

자기만의 생각이나 감정에 치우치지 않고 사실이나 사물을 있는 그대로 보거나 생각하는 것을 나타낼 때 써요.

어휘 뜻 익히기

1 위의 그림에서 알 수 있는 객관적인 내용은 무엇인가요? (   )

① 김선수보다 노래를 잘하는 사람은 없다.
② 동생은 김선수를 싫어한다.
③ 동생은 김선수가 나오는 프로그램을 보았다.
④ 언니는 김선수를 실제로 봤다.

2 '객관'이라는 말이 무슨 뜻일지 짐작해 보고, 알맞은 것에 ○표 해 보세요.

내 생각대로 / 감정을 실어서 / 있는 그대로 / 마음대로

3 낱말을 따라 쓰고 소리 내어 읽어 보세요.

객 관

어휘망으로 확장하기

객관
있는 그대로 생각함
㈜ 기사는 객관적인 사실을 바탕으로 써야 합니다.

합리적 (비슷한말)
논리적이고 이치에 잘 맞는
㈜ 심사 위원들은 오디션 참가자들을 심사 기준에 따라 합리적으로 평가했다.

공정 (비슷한말)
어느 한쪽으로 치우치지 않고 올바름
㈜ 은솔이와 찬솔이는 과자를 공정하게 5개씩 나누었다.

주관 (반대의 뜻)
자기만의 생각이나 관점
㈜ 칼럼에는 글쓴이의 주관이 잘 드러난다.

중립 (비슷한말)
어느 편에도 치우치지 않고 중간 입장에 섬
㈜ 나는 그 문제에 대해서 중립적인 입장이야!

감정적 (반대의 뜻)
마음이나 기분에 의한
㈜ 동생이 잘못했을 때는 감정적으로 화내지 말고 차분하게 설명해 주렴.

비이성적 (반대의 뜻)
이성을 따르지 않는
㈜ 그렇게 앞뒤 없이 화를 내다니, 너는 정말 비이성적이구나.

객관성 (파생어)
㈜ 저 판사는 어떤 상황에서도 객관성을 지키는 것으로 유명하다.

객관식 (합성어)
미리 주어진 답 가운데에서 정답을 고르게 하는 문제 형식
㈜ 나는 주관식보다는 객관식 시험이 좋아. 모르면 찍을 수 있잖아?

문장으로 확장하기

속담
글 잘 못 쓰는 사람은 붓 타박을 하고 총 쏠 줄 모르는 사람은 총 타박을 한다

㈜ 글 잘 못 쓰는 사람은 붓 타박을 하고 총 쏠 줄 모르는 사람은 총 타박을 한다더니, 요리가 맛이 없는 걸 재료 탓으로 돌리는 거야?

자신의 재주가 모자라는 것은 생각하지 않고, 객관적인 조건만 탓하는 것을 비유적으로 이르는 속담이에요.

어휘 뜻 확인하기

1 다음 그림을 보고, 빈칸에 들어갈 알맞은 낱말을 보기 에서 찾아 써 보세요.

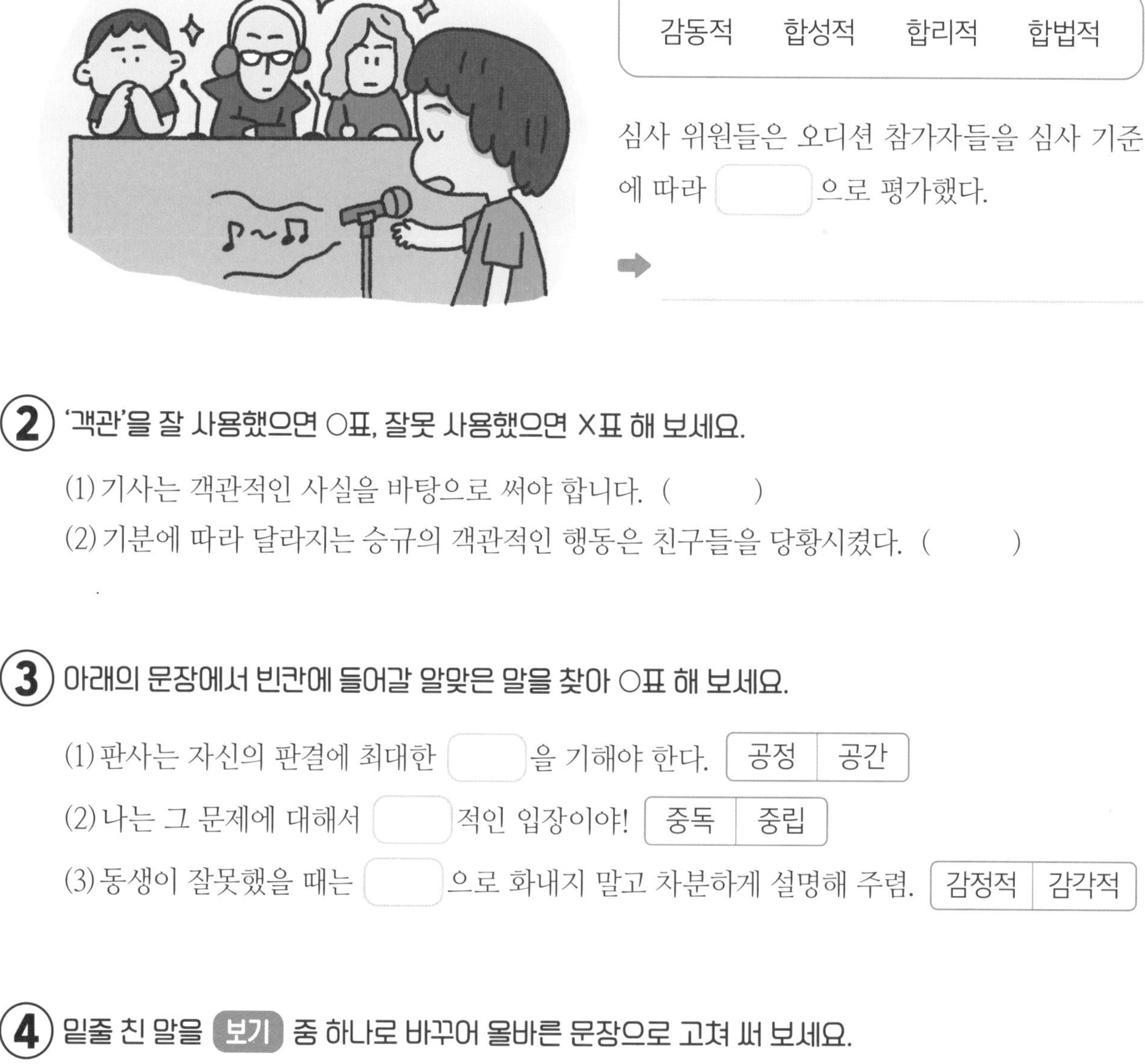

보기

감동적 합성적 합리적 합법적

심사 위원들은 오디션 참가자들을 심사 기준에 따라 ( ) 으로 평가했다.

➡

2 '객관'을 잘 사용했으면 ○표, 잘못 사용했으면 X표 해 보세요.

(1) 기사는 객관적인 사실을 바탕으로 써야 합니다. ( )

(2) 기분에 따라 달라지는 승규의 객관적인 행동은 친구들을 당황시켰다. ( )

3 아래의 문장에서 빈칸에 들어갈 알맞은 말을 찾아 ○표 해 보세요.

(1) 판사는 자신의 판결에 최대한 ( ) 을 기해야 한다. [공정 | 공간]

(2) 나는 그 문제에 대해서 ( ) 적인 입장이야! [중독 | 중립]

(3) 동생이 잘못했을 때는 ( ) 으로 화내지 말고 차분하게 설명해 주렴. [감정적 | 감각적]

4 밑줄 친 말을 보기 중 하나로 바꾸어 올바른 문장으로 고쳐 써 보세요.

보기

이성적 비이성적 객관적 합리적

그렇게 앞뒤 없이 화를 내다니, 너는 정말 논리적이구나.

➡

실전 문제 풀이

1 다음 그림이 설명하는 속담은 무엇인가요? (　　　)

① 꿩 먹고 알 먹는다
② 글 잘 못 쓰는 사람은 붓 타박을 하고 총 쏠 줄 모르는 사람은 총 타박을 한다
③ 꽁지 빠진 새 같다
④ 사람은 늙어 죽도록 배운다

2 다음 그림에서 알 수 있는 객관적인 사실을 골라 보세요. (　　　)

① 세 명이 함께 등산 중이다.
② 세 명 모두 힘들어하고 있다.
③ 친구들은 날아서 등산할 수 있다.
④ 10분 뒤에 정상에 도착할 것이다.

3 다음 글의 빈칸에 들어갈 낱말로 알맞은 것을 골라 보세요. (　　　)

> 왕의 조카인 공주는 세월이 흘러 어른이 되었어요. 신하들은 공주에게 왕의 자리를 물려주라고 말했지요. 하지만 계속 자리를 지키고 싶었던 왕은 꾀를 내었어요.
> "공주가 세 가지 시험에 합격해야만 왕위를 물려주겠다. 지금까지 시골에 살았던 공주가 과연 왕이 될 수 있을지, (　　　)적으로 확인해 볼 필요가 있지 않겠는가!"

① 객관　　② 감성　　③ 주관　　④ 감정

3일

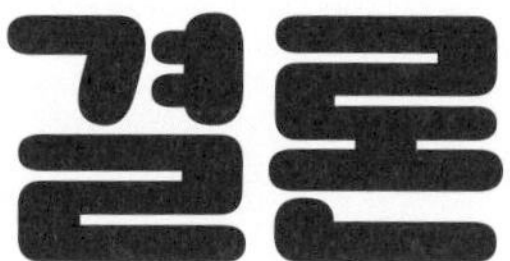

마무리

말이나 글을 마무리하는 부분 또는 어떤 문제에 마지막으로 내린 판단을 나타내는 말이에요.

오늘 시후랑 올림픽을 보다가 말다툼을 했어요.
왜?

양궁!
배구!
시후는 양궁이 제일 재미있다고 하고, 저는 배구가 제일 재미있다고 했거든요.

그랬구나. 화해는 했니?
네, '서로 생각이 다른 걸 인정하자'고 결론 내렸어요.

다행이네. 아주 훌륭한 결론을 냈구나.
의젓하네. 우리딸!
히힛~

어휘 뜻 익히기

1 위의 그림에서 아이는 어떤 결론을 내렸나요? (   )

① 다툼이 심해져 싸우고 헤어졌다.
② 양궁이 제일 재미있는 종목이라고 인정했다.
③ 서로 생각이 다르다는 것을 인정했다.
④ 배구가 제일 재미있는 종목이라고 인정했다.

2 '결론'이라는 말이 무슨 뜻일지 짐작해 보고, 알맞은 것에 ○표 해 보세요.

시작 과정 중간 맨처음 마무리

3 낱말을 따라 쓰고 소리 내어 읽어 보세요.

결 론

어휘망으로 확장하기

결론
마무리

㉮ 우리는 계획을 모두 바꾸는 것으로 결론을 내렸다.

결말 (비슷한말)
어떤 일이나 이야기의 끝부분

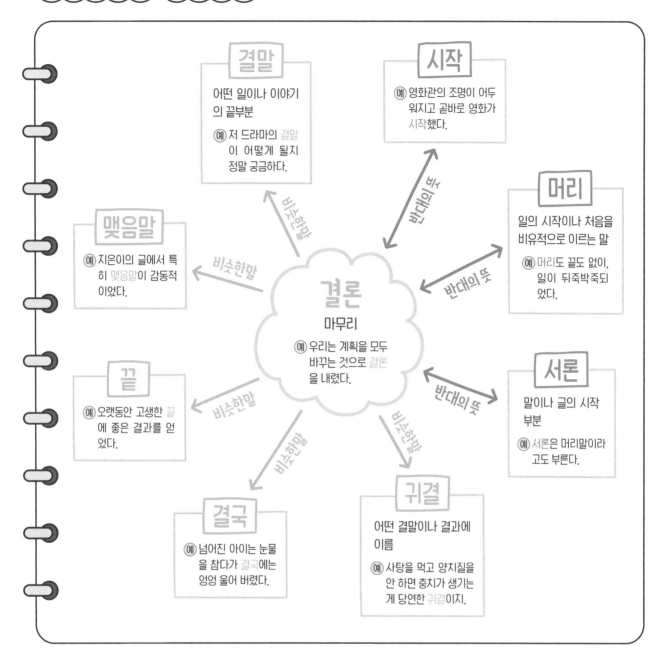

㉮ 저 드라마의 결말이 어떻게 될지 정말 궁금하다.

시작 (반대의 뜻)
㉮ 영화관의 조명이 어두워지고 곧바로 영화가 시작했다.

머리 (반대의 뜻)
일의 시작이나 처음을 비유적으로 이르는 말

㉮ 머리도 끝도 없이, 일이 뒤죽박죽되었다.

맺음말 (비슷한말)
㉮ 지은이의 글에서 특히 맺음말이 감동적이었다.

끝 (비슷한말)
㉮ 오랫동안 고생한 끝에 좋은 결과를 얻었다.

서론 (반대의 뜻)
말이나 글의 시작 부분

㉮ 서론은 머리말이라고도 부른다.

결국 (비슷한말)
㉮ 넘어진 아이는 눈물을 참다가 결국에는 엉엉 울어 버렸다.

귀결 (비슷한말)
어떤 결말이나 결과에 이름

㉮ 사탕을 먹고 양치질을 안 하면 충치가 생기는 게 당연한 귀결이지.

문장으로 확장하기

힘이 비슷해서 이기고 지는 결론이 나지 않을 때 쓰는 속담이에요.

속담

두꺼비씨름 누가 질지 누가 이길지

㉮ 우아! 두꺼비씨름 누가 질지 누가 이길지잖아. 둘 다 수영을 엄청 잘해서, 누가 1등 해도 이상하지 않겠어.

어휘 뜻 확인하기

1 다음 그림을 보고, 빈칸에 들어갈 알맞은 낱말을 보기 에서 찾아 써 보세요.

보기

결코　　결국　　결심　　결정

넘어진 아이는 눈물을 참다가, (　　)에는 엉엉 울어 버렸다.

➡ ____________________

2 '결론'을 잘 사용했으면 ○표, 잘못 사용했으면 X표 해 보세요.

(1) 그 선수는 결론에서 승리하여 금메달을 땄다. (　　　)

(2) 우리는 계획을 모두 바꾸는 것으로 결론을 내렸다. (　　　)

3 아래의 문장에서 빈칸에 들어갈 알맞은 말을 찾아 ○표 해 보세요.

(1) 오랫동안 고생을 한 (　　)에 좋은 결과를 얻었다. [처음 | 끝]

(2) 저 드라마의 (　　)이 어떻게 될지 정말 궁금하다. [결말 | 정말]

(3) 이 책의 (　　) 부분에는 작가의 말이 있습니다. [머리 | 무리]

4 밑줄 친 말을 보기 중 하나로 바꾸어 올바른 문장으로 고쳐 써 보세요.

보기

서론　　맺음말　　줄거리　　주제

<u>결론</u>(은)는 머리말이라고도 부른다.

➡ ____________________

실전 문제 풀이

1주

1 다음 그림에 어울리는 속담은 무엇인가요? (　　　)

① 두꺼비 파리 잡아먹듯
② 애꿎은 두꺼비 돌에 맞다
③ 두꺼비씨름 누가 질지 누가 이길지
④ 개구리 올챙이 적 생각 못 한다

2 다음 그림을 보고, 학급 회의에서 내린 결론을 골라 보세요. (　　　)

① 현장 학습은 가지 않기로 했다.
② 현장 학습은 놀이공원으로 간다.
③ 현장 학습은 미술관으로 간다.
④ 학급 회의에서 결론을 내지 못했다.

3 다음 글의 빈칸에 들어갈 낱말로 알맞은 것을 골라 보세요. (　　　)

> "아이고, 가려워! 아이구, 따가워!"
> 살금살금 털 속에 기어들어 가서 호랑이를 깨물던 개미들은 호랑이에게 소리쳤어요.
> "어때? 우리가 아직도 하찮은 개미 따위라고 생각하는 거야?"
> "아니야, 아니야. 내가 잘못했으니 얼른 나와!"
> 호랑이는 가렵고 따가워서 이리 뛰고 저리 뛰다 (　　　) 지쳐 쓰러졌어요. 큰 덩치와 힘만 믿고 잘난 체하던 호랑이는 작고 지혜로운 개미들에게 된통 당했답니다.

① 결국　　② 대국　　③ 결말　　④ 소국

1주
4일

고려

생각하고 헤아림

어떤 일을 하는 데 여러 가지 상황이나 조건을 생각하고 헤아려 보는 것을 뜻해요.

어휘 뜻 익히기

1 위의 그림에서 노트북을 추천할 때 고려하지 않은 것은 무엇인가요? (   )

① 무게　　② 가격　　③ 디자인　　④ 처리 속도

2 '고려'라는 말이 무슨 뜻일지 짐작해 보고, 알맞은 것에 ○표 해 보세요.

대충 생각함　　훑어보기만 함　　생각하지 않음　　생각하고 헤아림

3 낱말을 따라 쓰고 소리 내어 읽어 보세요.

고 려

어휘망으로 확장하기

고려
생각하고 헤아림
(예) 의사 선생님은 고양이 루루의 수술까지 고려해야 한다고 하셨다.

비슷한말 — **계산**
수를 헤아림 또는 어떤 일을 예상하거나 고려함
(예) 지수는 항상 무슨 일을 하기 전에 꼼꼼히 계산해 본다.

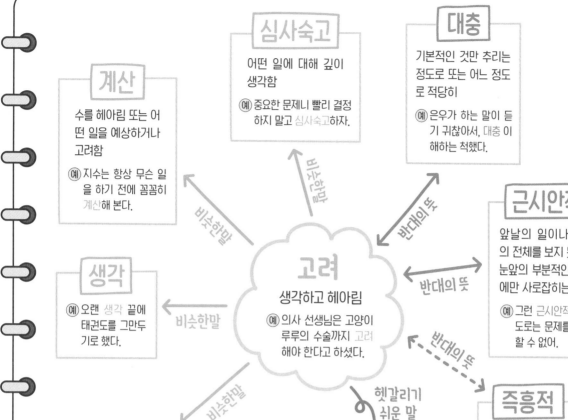

비슷한말 — **심사숙고**
어떤 일에 대해 깊이 생각함
(예) 중요한 문제니 빨리 결정하지 말고 심사숙고하자.

반대의 뜻 — **대충**
기본적인 것만 추리는 정도로 또는 어느 정도로 적당히
(예) 은우가 하는 말이 듣기 귀찮아서, 대충 이해하는 척했다.

반대의 뜻 — **근시안적**
앞날의 일이나 사물의 전체를 보지 못하고 눈앞의 부분적인 현상에만 사로잡히는 것
(예) 그런 근시안적인 태도로는 문제를 해결할 수 없어.

비슷한말 — **생각**
(예) 오랜 생각 끝에 태권도를 그만두기로 했다.

반대의 뜻 — **즉흥적**
그 자리에서 바로 기분에 따라 행동하는 것
(예) 날씨가 좋아서 즉흥적으로 여행을 떠났다.

비슷한말 — **사려**
여러 가지 일에 대하여 깊게 생각함 또는 그런 생각
(예) 너는 참 사려 깊은 사람이야.

헷갈리기 쉬운 말 — **고려(高麗)**
918년, 왕건이 개성을 수도로 하여 세운 나라
(예) 고려 시대에는 고려청자, 팔만대장경 등 많은 문화재가 있었고, 활발한 무역으로 세계에 고려라는 이름을 알리기도 했어요.

문장으로 확장하기

속담
개구리 올챙이 적 생각 못 한다

(예) 개구리 올챙이 적 생각 못 한다고, 며칠 전까지 줄넘기를 못해서 울더니 지금은 친구들 앞에서 잘난 척하는 거야?

형편이 나아진 사람이 지난날의 어려움을 고려하지 못하고 처음부터 잘난 것처럼 뽐낸다는 뜻이에요.

어휘 뜻 확인하기

1 다음 그림을 보고, 빈칸에 들어갈 알맞은 낱말을 **보기** 에서 찾아 써 보세요.

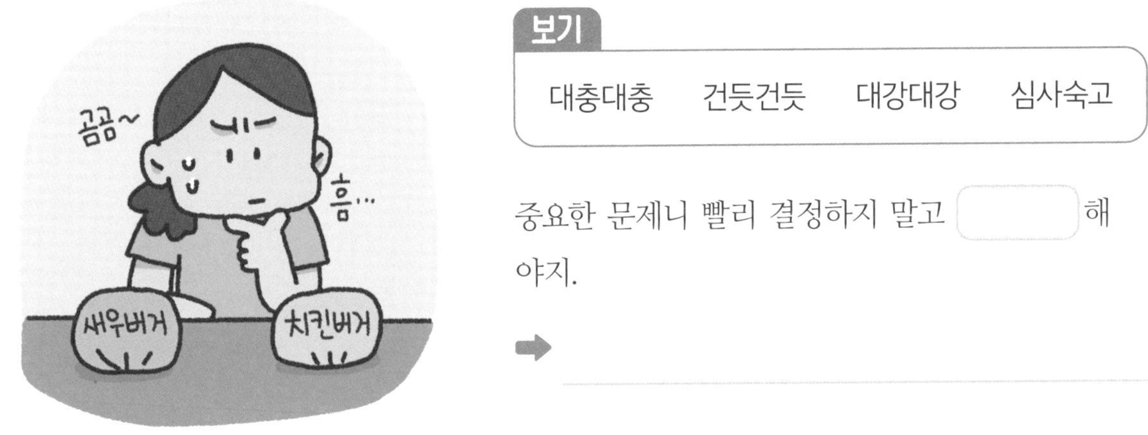

보기

대충대충	건듯건듯	대강대강	심사숙고

중요한 문제니 빨리 결정하지 말고 (　　　　) 해야지.

➡ ________________

2 '고려'를 잘 사용했으면 ○표, 잘못 사용했으면 X표 해 보세요.

(1) 자전거로 여기까지 오느라 너무 고려했어. (　　　)

(2) 의사 선생님은 수술까지도 고려하고 있다고 하셨다. (　　　)

3 아래의 문장에서 (　　　) 안에 들어갈 말을 찾아 ○표 해 보세요.

(1) 지수는 항상 무슨 일을 하기 전에 꼼꼼히 (　　　)해 본다. [계산 | 계승]

(2) 오랜 (　　　) 끝에 태권도를 그만두기로 했다. [시각 | 생각]

(3) 그런 (　　　)적인 태도로는 문제를 해결할 수 없어. [근시안 | 근섬유]

4 밑줄 친 말을 **보기** 중 하나로 바꾸어 올바른 문장으로 고쳐 써 보세요.

보기

직접	확실히	대충	정확히

무슨 일이 생겼는지 <u>꼼꼼하게</u> 들어서 내용을 잘 모르겠어. 좀 더 자세히 말해 봐.

➡ ________________

실전 문제 풀이

1 '형편이 나아진 사람이 지난날의 어려움을 고려하지 못하고 처음부터 잘난 것처럼 뽐낸다'는 뜻의 속담은 무엇일까요? (   )

① 가재는 게 편
② 지렁이도 밟으면 꿈틀한다
③ 개구리 올챙이 적 생각 못 한다
④ 두꺼비씨름 누가 질지 누가 이길지

2 선생님은 무엇을 고려해서 숙제를 내셨는지 골라 보세요. (   )

각자의 적성에 맞는 숙제를 냈단다.
각각 다르니까 확인해 보렴.

① 적성
② 외모
③ 자리
④ 주소

3 다음 글의 빈칸에 들어갈 낱말로 알맞은 것을 골라 보세요. (   )

> "밖이 너무 추우니 하룻밤만 재워 주시면 안 되겠습니까?"
> 하지만 으리으리한 집에서 나온 아주머니는 딱 잘라 거절하는 게 아니겠어요?
> "우리 집은 나그네들이 자고 가는 곳이 아니에요. 줄 음식도 없다고요!"
> 나그네는 다시 아주머니께 부탁했어요.
> "제가 못 세 개로 세상에서 가장 맛있는 음식을 만들어 드릴 테니, 하룻밤 묵어가는 것을 다시 한번 [   ] 해 주세요."

① 격려　　② 수려　　③ 고려　　④ 염려

독특

특별하게 다름

다른 것과 비교하여 특별하게 다르거나 또는 견줄 수 없을 정도로 뛰어나다는 말이에요.

된장찌개가 정말 맛있어요.
정말?

맞아요. 이 찌개는 설명하기 어려운 독특한 맛이 있어요. 계속 손이 가는 특별히 맛있는 찌개예요!
음음~

그건 말이지, 할머니께서 주신 독특한 된장 때문이란다. 장이 맛있으면 요리의 반은 성공이거든.
오~

아, 그래서 할머니 요리가 항상 맛있었구나!
먹고 더 먹어라!

어휘 뜻 익히기

1 위의 그림에서 된장찌개가 특별히 맛있는 이유는 무엇인가요? (　　　)

① 할머니가 직접 요리해서　② 할머니의 독특한 된장으로 요리해서

③ 엄마가 직접 사 온 요리를 먹어서　④ 이모와 함께 인스턴트 음식을 먹어서

2 '독특'이라는 말이 무슨 뜻일지 짐작해 보고, 알맞은 것에 ○표 해 보세요.

특별하게 다름　평범하게 비슷함　흔하게 보여짐　평균적으로 비슷함

3 낱말을 따라 쓰고 소리 내어 읽어 보세요.

독 특

어휘망으로 확장하기

독특
특별하게 다름

예 재희의 신발은 디자인이 굉장히 독특해서 기억에 남는다.

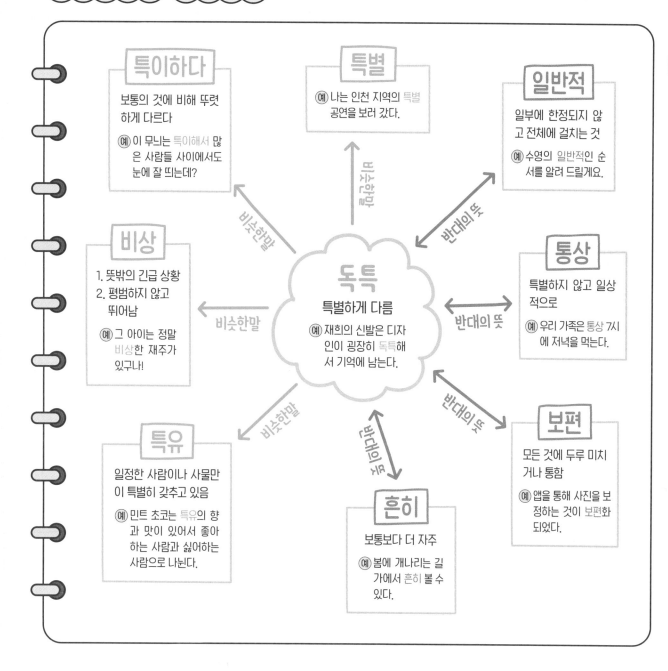

비슷한말
특이하다
보통의 것에 비해 뚜렷하게 다르다

예 이 무늬는 특이해서 많은 사람들 사이에서도 눈에 잘 띄는데?

비슷한말
특별
예 나는 인천 지역의 특별 공연을 보러 갔다.

반대의 뜻
일반적
일부에 한정되지 않고 전체에 걸치는 것

예 수영의 일반적인 순서를 알려 드릴게요.

비슷한말
비상
1. 뜻밖의 긴급 상황
2. 평범하지 않고 뛰어남

예 그 아이는 정말 비상한 재주가 있구나!

반대의 뜻
통상
특별하지 않고 일상적으로

예 우리 가족은 통상 7시에 저녁을 먹는다.

비슷한말
특유
일정한 사람이나 사물만이 특별히 갖추고 있음

예 민트 초코는 특유의 향과 맛이 있어서 좋아하는 사람과 싫어하는 사람으로 나뉜다.

반대의 뜻
흔히
보통보다 더 자주

예 봄에 개나리는 길가에서 흔히 볼 수 있다.

반대의 뜻
보편
모든 것에 두루 미치거나 통함

예 앱을 통해 사진을 보정하는 것이 보편화되었다.

사자성어로 확장하기

사자성어
전무후무(前無後無)

예 그 선수의 100미터 달리기 기록은 전무후무한 신기록으로 남았다.

이전에도 없었고 앞으로도 없다는 뜻으로, 처음 보는 특이한 일이나 특별한 결과를 나타내는 말이에요.

어휘 뜻 확인하기

1 다음 그림을 보고, 빈칸에 들어갈 알맞은 낱말을 **보기** 에서 찾아 써 보세요.

보기

자유 여유 특유 이유

민트 초코는 [   ]의 향과 맛이 있어서 좋아하는 사람과 싫어하는 사람으로 나뉜다.

➡ ______________________

2 '독특'을 잘 사용했으면 ○표, 잘못 사용했으면 X표 해 보세요.

(1) 재희의 옷은 디자인이 굉장히 독특해서 기억에 남는다. (   )
(2) 우연히 만난 친구의 모습은 10년 전과 독특했다. (   )

3 아래의 문장에서 빈칸에 들어갈 알맞은 말을 찾아 ○표 해 보세요.

(1) 나는 인천 지역의 [   ] 공연을 보러 갔다. | 특별 | 특징 |
(2) 이 무늬는 [   ] 많은 사람들 사이에서도 눈에 잘 띄는데? | 특이해서 | 흔해서 |
(3) 우리 가족은 [   ] 7시에 저녁을 먹는다. | 통상 | 상상 |

4 밑줄 친 말을 **보기** 중 하나로 바꾸어 올바른 문장으로 고쳐 써 보세요.

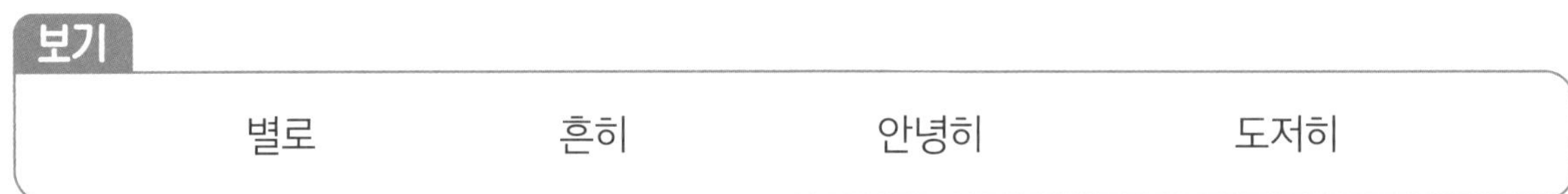

보기

별로 흔히 안녕히 도저히

봄에 개나리는 길가에서 <u>괜히</u> 볼 수 있다.

➡ ______________________

실전 문제 풀이

1주

1 '이전에도 없었고 앞으로도 없다'는 뜻으로, 처음 보는 특이한 일이나 특별한 결과를 나타내는 사자성어는 무엇일까요? (　　　)

① 진퇴양난(進退兩難)
② 자가당착(自家撞着)
③ 오비이락(烏飛梨落)
④ 전무후무(前無後無)

2 다음 그림에서 동생이 만드는 만두의 독특한 점을 골라 보세요. (　　　)

① 크기
② 재료
③ 모양
④ 색깔

3 다음 글의 빈칸에 들어갈 낱말로 알맞은 것을 골라 보세요. (　　　)

> 친환경에 대한 사회적 관심이 높아지면서 개인 컵이 일상 필수품으로 사용되고 있는데요, 이런 개인 컵이 개성을 표현하는 용도로도 활용되고 있다고 합니다. 그날 입은 옷이나 기분에 맞춰 개인 컵을 선택하기도 하고, 흔히 볼 수 없는 (　　　) 디자인의 개인 컵을 모으는 사람들도 생겨나고 있습니다. 평범한 디자인이 대부분이었던 개인 컵 시장은 이러한 소비자들의 유행에 발맞춰 각양각색의 제품들을 매년 새롭게 선보이고 있습니다.

① 독립한　② 독특한　③ 기특한　④ 영특한

확인 학습

1 다음 문장에 들어갈 알맞은 낱말을 보기 에서 찾아 써 보세요.

보기

고향 고통 고려 고급

축구 선수 최승수는 잦은 부상으로 은퇴를 ________ 하고 있습니다.

2 '개발'을 잘 사용했으면 ○표, 잘못 사용했으면 X표 해 보세요.

(1) 우리 마을이 곧 관광지로 개발된다고 해요. (　　　)

(2) 아름다운 노랫소리가 들려서 가던 길을 개발했다. (　　　)

3 아래의 문장에서 빈칸에 들어갈 알맞은 말을 찾아 ○표 해 보세요.

(1) 의사 선생님은 이제 퇴원해도 되겠다고 [　　] 지으셨다. 결론 | 결국

(2) 사탕을 먹고 양치질을 안 하면 충치가 생기는 게 당연한 [　　] 이지. 귀결 | 해결

(3) 영화관의 조명이 어두워지고 곧바로 영화가 [　　] 했다. 시작 | 끝

4 밑줄 친 말을 보기 중 하나로 바꾸어 올바른 문장으로 고쳐 써 보세요.

보기

객관성 비합리적 감상성 감정적

저 판사는 어떤 상황에서도 주관성을 지키며 공정하게 판정한다.

➡ ________________

5 다음 문장의 순서가 바르게 되도록 다시 써 보세요.

많아. / 오이는 향이 / 싫어하는 사람이 / 독특해서

➡ ________________

종합 문제

'힘이 비슷해서 이기고 지는 결론이 나지 않는다'는 뜻의 속담은 무엇일까요? (　　　)

① 우물 안 개구리
② 두꺼비 파리 잡아먹듯
③ 두꺼비씨름 누가 질지 누가 이길지
④ 뛰어야 벼룩

다음 그림에서 땅은 무엇으로 개발될지 골라 보세요. (　　　)

① 바다
② 학교
③ 공연장
④ 놀이공원

다음 글의 빈칸에 들어갈 낱말로 알맞은 것을 골라 보세요. (　　　)

"제가 아버지 대신 갈게요."
걱정하는 아버지를 뒤로하고 로자는 무시무시한 야수의 성으로 들어갔어요. 그리고 야수에게 고개를 숙이고 부탁을 했지요.
"늙고 병 드신 아버지를 대신해서 제가 야수님의 성에 머무는 건 어떨지 (　　　)해 주시겠어요? 일을 잘하는 제가 이곳에 있는 것이 훨씬 나을 거예요."

① 고려　　② 고생　　③ 고집　　④ 고난

2주 1일

명백하다

매우 확실하다

의심할 바 없이 매우 뚜렷하고 확실하다는 뜻이에요.

어휘 뜻 익히기

1 위의 그림에서 알 수 있는 명백한 사실은 무엇일까요? (   )

① 아이가 노트북을 망가뜨렸다. ② 아이는 자신의 머리카락을 발견했다.
③ 아이가 노트북 주변에서 루비의 털을 찾았다. ④ 노트북은 멀쩡하다.

2 '명백하다'라는 말이 무슨 뜻일지 짐작해 보고, 알맞은 것에 ○표 해 보세요.

매우 애매하다 | 매우 확실하다 | 분명하지 않다 | 확실하지 않다

3 낱말을 따라 쓰고 소리 내어 읽어 보세요.

명 백 하 다

어휘망으로 확장하기

명백하다

매우 확실하다

㉠ 3 더하기 3이 8이라는 것은 명백하게 틀린 답이다.

비슷한말 → **명확하다**

뚜렷하고 확실하다

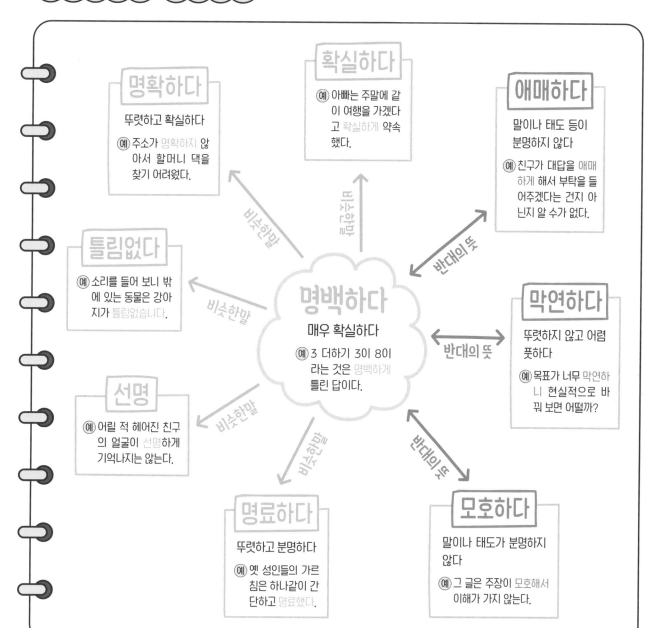

㉠ 주소가 명확하지 않아서 할머니 댁을 찾기 어려웠다.

비슷한말 → **확실하다**

㉠ 아빠는 주말에 같이 여행을 가겠다고 확실하게 약속했다.

반대의 뜻 ↔ **애매하다**

말이나 태도 등이 분명하지 않다

㉠ 친구가 대답을 애매하게 해서 부탁을 들어주겠다는 건지 아닌지 알 수가 없다.

비슷한말 → **틀림없다**

㉠ 소리를 들어 보니 밖에 있는 동물은 강아지가 틀림없습니다.

반대의 뜻 ↔ **막연하다**

뚜렷하지 않고 어렴풋하다

㉠ 목표가 너무 막연하니 현실적으로 바꿔 보면 어떨까?

비슷한말 → **선명**

㉠ 어릴 적 헤어진 친구의 얼굴이 선명하게 기억나지는 않는다.

비슷한말 → **명료하다**

뚜렷하고 분명하다

㉠ 옛 성인들의 가르침은 하나같이 간단하고 명료했다.

반대의 뜻 ↔ **모호하다**

말이나 태도가 분명하지 않다

㉠ 그 글은 주장이 모호해서 이해가 가지 않는다.

사자성어로 확장하기

사자성어

명약관화(明若觀火)

㉠ 일회용품을 계속 쓴다면, 환경이 파괴되는 것은 명약관화한 일이다.

불을 보는 것같이 밝게 보인다는 뜻으로, 의심할 여지없이 매우 명백함을 강조하는 말이에요.

어휘 뜻 확인하기

1 다음 그림을 보고, 빈칸에 들어갈 알맞은 낱말을 보기 에서 찾아 써 보세요.

보기

틀림없이	애매하게	쓸데없이	막연하게

내가 (　　　) 책상 위에 안경을 두었는데 어디 갔지?

➡ ____________________

2 '명백하다'를 잘 사용했으면 ○표, 잘못 사용했으면 X표 해 보세요.

(1) 목소리가 너무 작으니까 말하는 내용이 명백하게 들려. (　　　)

(2) 3 더하기 3이 8이라는 것은 명백하게 틀린 답이다. (　　　)

3 아래의 문장에서 빈칸에 들어갈 알맞은 말을 찾아 ○표 해 보세요.

(1) 어릴 적 헤어진 친구의 얼굴이 (　　　)하게 생각나지는 않는다. [선명 | 선선]

(2) 아빠는 주말에 같이 여행을 가겠다고 (　　　)하게 약속했다. [확실 | 현실]

(3) 주소가 (　　　)하지 않아서 할머니 댁을 찾기가 어려웠다. [애매 | 명확]

4 밑줄 친 말을 보기 중 하나로 바꾸어 올바른 문장으로 고쳐 써 보세요.

보기

확실하게	명백하게	명확하게	애매하게

친구가 대답을 명료하게 해서 부탁을 들어주겠다는 건지 아닌지 알 수가 없다.

➡ ____________________

1 다음 그림에 어울리는 사자성어는 무엇인가요? (　　　)

사람들이 더워서
에어컨을 많이
쓰고 있대.
이대로라면 정전은
불 보듯 뻔하겠어.

① 명약관화(明若觀火)
② 감언이설(甘言利說)
③ 동상이몽(同牀異夢)
④ 어부지리(漁夫之利)

2 다음 그림을 보고, 명백한 사실만 적어야 하는 글을 골라 보세요. (　　　)

아빠, 기사는
어떻게 써야 해요?
기사는 확실하고 정확한
사실만 적어야 한단다.

① 동화
② 기사
③ 일기
④ 영화 시나리오

3 다음 글의 빈칸에 들어갈 낱말로 알맞지 <u>않은</u> 것을 골라 보세요. (　　　)

> "못된 구렁이야! 얼른 나가지 못해?"
> 돌쇠는 몽둥이를 휘둘러 구렁이를 내쫓았어요.
> "돌쇠야, 이게 다 무슨 일이냐?"
> "도련님, 저것은 이야기 귀신이 구렁이로 둔갑한 것이 (　　　). 어제 제가 우연히 이야기 귀신들의 소리를 들었거든요. 도련님께서 다락방에 묶어 두신 보따리 속 이야기 귀신들 말입니다."

① 명백합니다　② 확실합니다　③ 틀림없습니다　④ 막연합니다

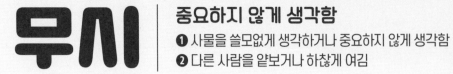

중요하지 않게 생각함

❶ 사물을 쓸모없게 생각하거나 중요하지 않게 생각함
❷ 다른 사람을 얕보거나 하찮게 여김

신호를 무시하고 지나가던 자동차가
나무를 들이받았습니다.

어휴, 저렇게 교통 신호를
무시하고 달리면 엄청 위험해.

이모도 저렇게
운전하시는 건 아니죠?
나?

이모를 너무 무시하는 거 아니니?
나는 아주 안전하게 운전을 한단다.
그럼
다행이고~

어휘 뜻 익히기

1 위의 그림에서 자동차는 무엇을 무시했나요? (　　　)

① 나무　　② 교통 신호　　③ 자동차 가격　　④ 뉴스

2 '무시'라는 말이 무슨 뜻일지 짐작해 보고, 알맞은 것에 ○표 해 보세요.

깊이 생각함　　정확하게 생각함　　중요하지 않게 생각함　　반드시 해야 함

3 낱말을 따라 쓰고 소리 내어 읽어 보세요.

무 시

어휘망으로 확장하기

업신여기다

남을 낮추어 보거나 하찮게 여기다

㉠ 저 사람은 돈이 많다고 다른 사람들을 업신여긴다.

중요시하다

㉠ 나는 약속을 중요시하기 때문에 꼭 지키려고 노력한다.

멸시

다른 사람을 얕보거나 하찮게 여겨 얕잡아 봄

㉠ 유미는 편견과 멸시에 맞서 싸웠다.

중시

매우 크고 중요하게 여김

㉠ 감독님은 선수 간의 협동을 매우 중시하신다.

무시

중요하지 않게 생각함

㉠ 형의 충고를 무시하지 말고 꼭 기억해.

경시

대수롭지 않게 보거나 업신여김

㉠ 생명의 가치를 경시하는 풍조가 퍼지고 있다.

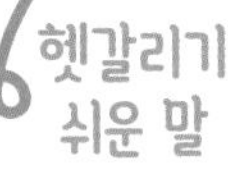

존중하다

귀하고 중요하게 대하다

㉠ 나는 너의 말을 존중한다.

무시무시하다

몹시 무섭다

㉠ 커다랗고 어두운 동굴 입구는 정말 무시무시했다.

귀하다

㉠ 모든 생명을 귀하게 여겨야 한다.

문장으로 확장하기

속담

가랑비에 옷 젖는 줄 모른다

㉠ 가랑비에 옷 젖는 줄 모른다고 돈을 조금씩밖에 안 쓴 것 같은데, 한 달 동안 이만큼이나 썼다니!

가늘게 내리는 비는 조금씩 젖어 들기 때문에 여간해서는 옷이 젖은 줄을 깨닫지 못한다는 뜻으로, 아무리 작고 약한 것이라도 계속되면 무시할 수 없게 커진다는 속담이에요.

어휘 뜻 확인하기

1 다음 그림을 보고, 빈칸에 들어갈 알맞은 낱말을 보기 에서 찾아 써 보세요.

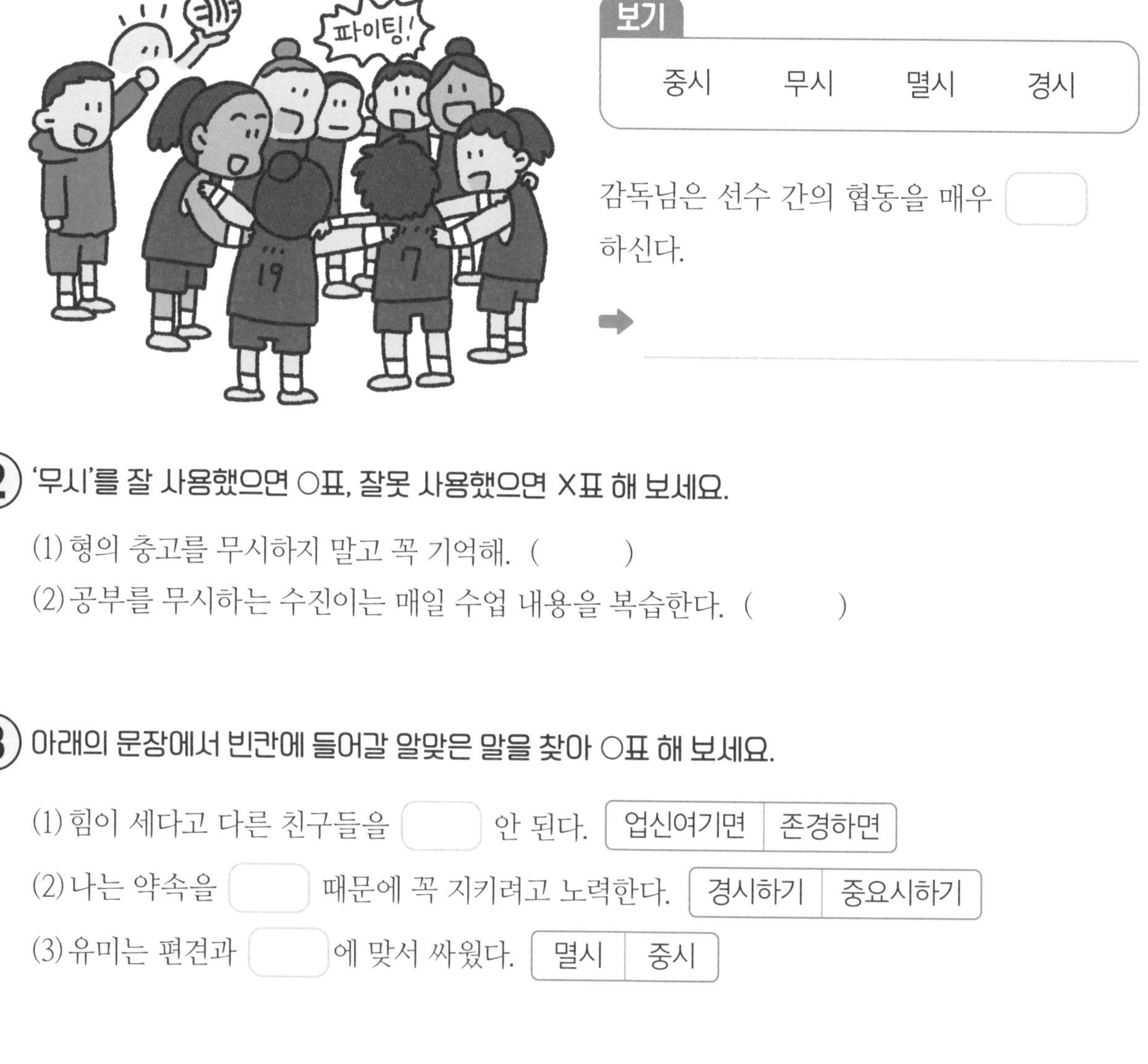

보기

중시　　무시　　멸시　　경시

감독님은 선수 간의 협동을 매우 (　　) 하신다.

➡ ____________________

2 '무시'를 잘 사용했으면 ○표, 잘못 사용했으면 X표 해 보세요.

(1) 형의 충고를 무시하지 말고 꼭 기억해. (　　)

(2) 공부를 무시하는 수진이는 매일 수업 내용을 복습한다. (　　)

3 아래의 문장에서 빈칸에 들어갈 알맞은 말을 찾아 ○표 해 보세요.

(1) 힘이 세다고 다른 친구들을 (　　) 안 된다. [업신여기면 | 존경하면]

(2) 나는 약속을 (　　) 때문에 꼭 지키려고 노력한다. [경시하기 | 중요시하기]

(3) 유미는 편견과 (　　) 에 맞서 싸웠다. [멸시 | 중시]

4 밑줄 친 말을 보기 중 하나로 바꾸어 올바른 문장으로 고쳐 써 보세요.

보기

업신　　대충　　하찮게　　귀하게

모든 생명을 가볍게 여겨야 한다.

➡ ____________________

실전 문제 풀이

1 다음 그림처럼 '아무리 작고 약한 것이라도 계속되면 무시할 수 없게 커진다'는 뜻의 속담은 무엇일까요? (　　　)

① 샛바람에 게 눈 감기듯
② 비 온 뒤에 땅이 굳어진다
③ 바람 따라 돛을 단다
④ 가랑비에 옷 젖는 줄 모른다

2 다음 그림의 민호와 선우에 대한 설명으로 적절하지 않은 것을 골라 보세요. (　　　)

① 민호는 신경 쓰이는 것이 있다.
② 민호와 선우가 싸웠다.
③ 선우는 민호에게 조언을 하고 있다.
④ 선우는 별일 아니라고 생각한다.

3 다음 글의 빈칸에 들어갈 낱말로 알맞은 것을 골라 보세요. (　　　)

> 1853년, 러시아와 유럽 연합국 사이에 전쟁이 일어났습니다. 훗날 크림 전쟁이라 불린 이 전쟁에서 많은 병사가 다치고 목숨을 잃었지요. 나이팅게일은 38명의 간호사를 모아 전쟁터로 향했습니다. 주변 사람들은 위험한 전쟁터에 가는 것을 말렸지만, 나이팅게일은 그런 말들을 모두 [　　　] 했어요.
> "여러분, 지금이야말로 우리 간호사들의 도움이 필요한 때입니다."

① 무대　　② 무기　　③ 무시　　④ 무례

2주 3일

반복

여러 번 되풀이함

같은 일을 여러 번 되풀이하는 것을 나타내는 말이에요.

어휘 뜻 익히기

1 위의 그림에서 운동 선수는 무엇을 반복했나요? (　　　)

① 공부　② 게임　③ 달리기 연습　④ 가만히 누워 있기

2 '반복'이라는 말이 무슨 뜻일지 짐작해 보고, 알맞은 것에 ○표 해 보세요.

단번　되풀이함　하다가 멈춤　계속 쉼　마지막

3 낱말을 따라 쓰고 소리 내어 읽어 보세요.

반 복

어휘망으로 확장하기

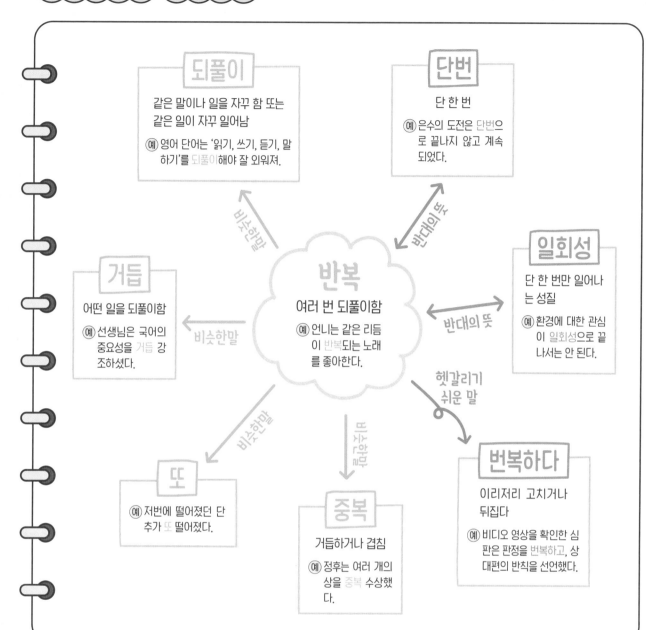

반복
여러 번 되풀이함
㉮ 언니는 같은 리듬이 반복되는 노래를 좋아한다.

되풀이 (비슷한말)
같은 말이나 일을 자꾸 함 또는 같은 일이 자꾸 일어남
㉮ 영어 단어는 '읽기, 쓰기, 듣기, 말하기'를 되풀이해야 잘 외워져.

단번 (반대의 뜻)
단 한 번
㉮ 은수의 도전은 단번으로 끝나지 않고 계속되었다.

일회성 (반대의 뜻)
단 한 번만 일어나는 성질
㉮ 환경에 대한 관심이 일회성으로 끝나서는 안 된다.

거듭 (비슷한말)
어떤 일을 되풀이함
㉮ 선생님은 국어의 중요성을 거듭 강조하셨다.

또 (비슷한말)
㉮ 저번에 떨어졌던 단추가 또 떨어졌다.

중복 (비슷한말)
거듭하거나 겹침
㉮ 정후는 여러 개의 상을 중복 수상했다.

번복하다 (헷갈리기 쉬운 말)
이리저리 고치거나 뒤집다
㉮ 비디오 영상을 확인한 심판은 판정을 번복하고, 상대편의 반칙을 선언했다.

문장으로 확장하기

속담
바늘 도둑이 소도둑 된다

㉮ 작은 거짓말이라도 자꾸 하면 안 돼!
바늘 도둑이 소도둑 된다는 말도 있잖아.

바늘을 훔치던 사람이 계속 도둑질을 반복하다 보면 결국은 소까지도 훔친다는 뜻으로, 작은 나쁜 짓도 자꾸 하다 보면 큰 죄를 저지르게 된다는 말이에요.

어휘 뜻 확인하기

1 다음 그림을 보고, 빈칸에 들어갈 알맞은 낱말을 보기 에서 찾아 써 보세요.

보기

깨끗　　되찾기　　되풀이　　번복

영어 단어는 '읽기, 쓰기, 듣기, 말하기'를 [　]해야 잘 외워져.

➡ ______________________

2 '반복'을 잘 사용했으면 ○표, 잘못 사용했으면 X표 해 보세요.

(1) 반복해서 연습하면 이 동작을 다 외울 수 있을 거야. (　　　)

(2) 이 가방은 돌아가신 할아버지한테서 반복된 것이다. (　　　)

3 아래의 문장에서 빈칸에 들어갈 알맞은 말을 찾아 ○표 해 보세요.

(1) 선생님은 국어의 중요성을 [　] 강조하셨다. [거듭 | 거부]

(2) 저번에 떨어졌던 단추가 [　] 떨어져서 다시 수선해야 해. [또 | 안]

(3) 사냥꾼은 멧돼지를 [　]에 쏘아 맞혔다. [단번 | 단지]

4 밑줄 친 말을 보기 중 하나로 바꾸어 올바른 문장으로 고쳐 써 보세요.

보기

일회성　　다양성　　정성　　공통성

환경에 대한 관심이 <u>중요성</u>으로 끝나서는 안 된다.

➡ ______________________

실전 문제 풀이

1 다음 그림에 어울리는 속담은 무엇인가요? (　　　)

거짓말해서 죄송해요.

계속 거짓말을 하면 안 돼.
작은 거짓말이라도 자꾸 하다 보면
더 큰 거짓말을 하게 된단다.

① 바늘 도둑이 소도둑 된다
② 무쇠도 갈면 바늘 된다
③ 바늘 가는 데 실 간다
④ 바늘로 몽둥이 막는다

2주

2 다음 그림에서 말풍선의 빈칸에 이어질 말을 골라 보세요. (　　　)

수학을 잘하는 방법이 없을까?
수학은 문제를 ＿＿＿＿＿＿

① 풀지 않아도 돼.
② 물어보지 말아 줘.
③ 반복하지 않아야 해.
④ 반복해서 많이 풀어야 해.

3 다음 글의 빈칸에 들어갈 낱말로 알맞은 것을 골라 보세요. (　　　)

> 할아버지가 잠든 사이 숲에는 불이 났어요. 누렁이는 조금의 망설임도 없이 개울로 뛰어가 온몸에 물을 적셨고, 불길 위를 마구 뒹굴었어요. 젖은 몸이 마르면 다시 물을 적셔 와 뒹굴기를 수없이 ＿＿＿ 하자, 마침내 불은 조금씩 꺼졌어요.
> "아이고, 이게 무슨 일이냐? 누렁아! 누렁아!"
> 뒤늦게 깨어난 할아버지는 누렁이를 보고 깜짝 놀랐어요. 숲은 온통 검게 타 있었고, 누렁이는 온몸이 불에 그슬린 채 낑낑대며 쓰러져 있었지요.

① 반성　　② 반복　　③ 극복　　④ 회복

상징

생각을 형태로 나타냄

생각이나 느낌처럼 일정한 형태를 갖추고 있지 않은 것을 눈으로 직접 볼 수 있는 형태로 나타낸다는 뜻이에요.

어휘 뜻 익히기

1 위의 그림에서 아빠가 생각하는 아이의 상징은 무엇인가요? (　　　)

① 영리한 여우　② 용감한 호랑이　③ 노래만 부르는 베짱이　④ 귀여운 너구리

2 '상징'이라는 말이 무슨 뜻일지 짐작해 보고, 알맞은 것에 ○표 해 보세요.

생각을 형태로 나타냄　형태를 생각으로 나타냄　생각으로만 떠올림　볼 수 없음

3 낱말을 따라 쓰고 소리 내어 읽어 보세요.

상 징

어휘망으로 확장하기

상징
생각을 형태로 나타냄

㉠ 우리 반은 각각의 모둠을 상징하는 캐릭터를 만들었다.

표시하다 (비슷한말)
태도나 생각을 겉으로 드러내다

㉠ 현규는 현민이의 예의 없는 행동에 불쾌감을 표시했다.

신호 (비슷한말)
일정한 형태로 내용이나 정보를 전달함

㉠ 횡단보도를 건너려면 초록 불 신호를 기다려야 한다.

숨기다 (반대의 뜻)
㉠ 나는 언니에게 서운한 마음을 숨겼지만, 사실은 무척 속상했다.

기호 (비슷한말)
어떤 뜻을 나타내기 위해 쓰는 여러 가지 표시

㉠ 수학에서 덧셈과 뺄셈, 곱셈, 나눗셈은 기호로 나타낸다.

감추다 (반대의 뜻)
㉠ 채영이는 마스크를 쓰고 있어서 아쉬운 표정을 감출 수 있었다.

나타내다 (비슷한말)
㉠ 이 작가는 자신의 인생관을 소설 속에 잘 나타내고 있다.

상징적 (파생어)
㉠ 고인돌은 선사 시대의 상징적인 유물입니다.

문장으로 확장하기

속담

낮말은 새가 듣고 밤말은 쥐가 듣는다

㉠ 낮말은 새가 듣고 밤말은 쥐가 듣는다고, 언제 어디에서나 말을 조심해야 해!

아무리 감추고 숨긴 말이라도 남의 귀에 들어가기 쉬우니, 아무도 안 듣는 데서도 말을 조심해야 한다는 속담이에요.

어휘 뜻 확인하기

1 다음 그림을 보고, 빈칸에 들어갈 알맞은 낱말을 보기 에서 찾아 써 보세요.

보기

신용　　신호　　번호　　보호

횡단보도를 건너려면 초록 불 [　　](을)를 기다려야 한다.

➡ ______________________

2 '상징'을 잘 사용했으면 ○표, 잘못 사용했으면 ×표 해 보세요.

(1) 우리 반은 각각의 모둠을 상징하는 캐릭터를 만들었다. (　　　)

(2) 말을 함부로 하는 사람과는 상징하고 싶지 않다. (　　　)

3 아래의 문장에서 빈칸에 들어갈 알맞은 말을 찾아 ○표 해 보세요.

(1) 현규는 현민이의 예의 없는 행동에 불쾌감을 [　　] 했다. [표시 | 무시]

(2) 수학에서 덧셈과 뺄셈, 곱셈, 나눗셈은 [　　](으)로 나타낸다. [기분 | 기호]

(3) 채영이는 마스크를 쓰고 있어서 아쉬운 표정을 [　　] 수 있었다. [감출 | 드러낼]

4 밑줄 친 말을 보기 중 하나로 바꾸어 올바른 문장으로 고쳐 써 보세요.

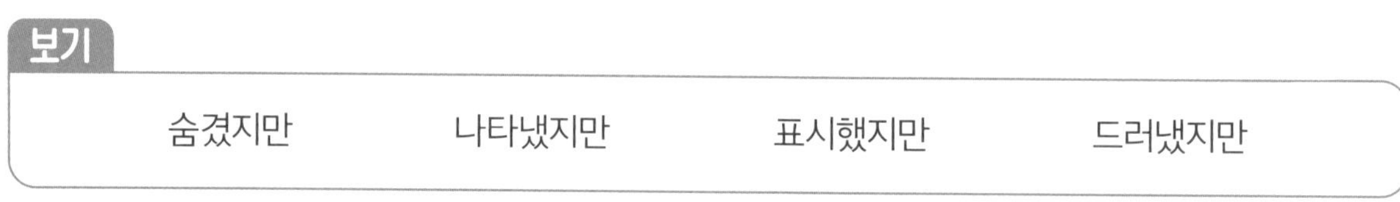

보기

숨겼지만　　나타냈지만　　표시했지만　　드러냈지만

나는 언니에게 서운한 마음을 <u>표현했지만</u>, 사실 무척 속상했다.

➡ ______________________

실전 문제 풀이

1 '아무리 감추고 숨긴 말이라도 남의 귀에 들어가기 쉬우니, 아무도 안 듣는 데서도 말을 조심해야 한다'는 속담은 무엇일까요? (　　　)

① 고생 끝에 낙이 온다
② 소문난 잔치에 먹을 것 없다
③ 낮말은 새가 듣고 밤말은 쥐가 듣는다
④ 가는 말이 고와야 오는 말이 곱다

2주

2 다음 그림이 상징하는 것을 골라 보세요. (　　　)

① 자전거를 놓는 곳
② 아무나 앉는 자리
③ 임산부를 위한 자리
④ 아무도 갈 수 없는 곳

3 다음 글의 빈칸에 들어갈 낱말로 알맞은 것을 골라 보세요. (　　　)

> 넬슨 만델라는 남아프리카 공화국 최초의 흑인 대통령이자 인권 운동가였습니다. 남아프리카의 아버지라 불린 넬슨 만델라는 그야말로 화해와 평화, 인권의 (　　　)이었지요. 그는 사람들에게 민주주의와 자유, 조화와 평등이 얼마나 소중한지를 알려 주었습니다.
> 흑인을 탄압하는 백인을 몰아내는 것이 아니라, 모두가 조화를 이루고 동등하게 기회를 누려야 한다는 그의 주장은 진정한 평등의 방향이 무엇인가를 다시 한번 생각하게 합니다.

① 표정　　② 상징　　③ 명시　　④ 반대

예외

벗어나는 일

일반적인 규칙이나 관습에서 벗어나는 일을 나타낼 때 써요.

어휘 뜻 익히기

1 위의 그림에서 이번 주부터 예외로 가능한 것은 무엇인가요? (   )

① 경복궁 무료 관람 ② 경복궁에서의 식사
③ 경복궁 야간 관람 ④ 경복궁에서 영화 촬영

2 '예외'라는 말이 무슨 뜻일지 짐작해 보고, 알맞은 것에 ○표 해 보세요.

포함하는 일 / 일정한 일 / 벗어나는 일 / 규칙적인 일 / 반복되는 일

3 낱말을 따라 쓰고 소리 내어 읽어 보세요.

예 외

어휘망으로 확장하기

예외
벗어나는 일
㉠ 비가 오는 날이면 할머니는 예외 없이 무릎이 아프다고 하셨다.

비슷한말 → **별도**
원래의 것에 덧붙여 추가하거나 따로 마련된 것
㉠ 우리 도서관에는 어린이를 위한 공간이 별도로 마련되어 있습니다.

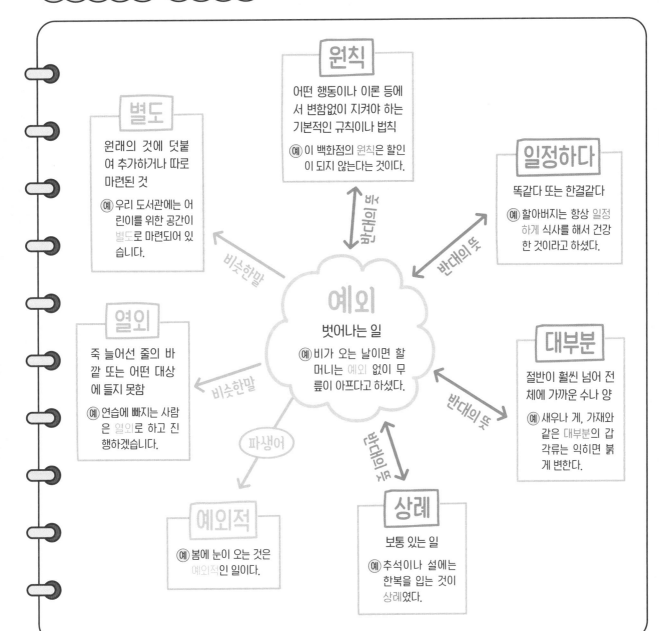

반대의 뜻 ↔ **원칙**
어떤 행동이나 이론 등에서 변함없이 지켜야 하는 기본적인 규칙이나 법칙
㉠ 이 백화점의 원칙은 할인이 되지 않는다는 것이다.

반대의 뜻 ↔ **일정하다**
똑같다 또는 한결같다
㉠ 할아버지는 항상 일정하게 식사를 해서 건강한 것이라고 하셨다.

비슷한말 → **열외**
죽 늘어선 줄의 바깥 또는 어떤 대상에 들지 못함
㉠ 연습에 빠지는 사람은 열외로 하고 진행하겠습니다.

반대의 뜻 ↔ **대부분**
절반이 훨씬 넘어 전체에 가까운 수나 양
㉠ 새우나 게, 가재와 같은 대부분의 갑각류는 익히면 붉게 변한다.

파생어 → **예외적**
㉠ 봄에 눈이 오는 것은 예외적인 일이다.

반대의 뜻 ↔ **상례**
보통 있는 일
㉠ 추석이나 설에는 한복을 입는 것이 상례였다.

문장으로 확장하기

속담
콩 심은 데 콩 나고 팥 심은 데 팥 난다

㉠ 콩 심은 데 콩 나고 팥 심은 데 팥 난다고, 지아는 매일 공부를 열심히 해서 1등을 할 수 있었어.

모든 일은 예외 없이
원인에 따라 그에 맞는 결과가
나타난다는 속담이에요.

어휘 뜻 확인하기

1 다음 그림을 보고, 빈칸에 들어갈 알맞은 낱말을 보기 에서 찾아 써 보세요.

보기

대부분	별도	규칙적	질서

우리 도서관에는 어린이를 위한 공간이 (   )(으)로 마련되어 있습니다.

➡ ____________________

2 '예외'를 잘 사용했으면 ○표, 잘못 사용했으면 X표 해 보세요.

(1) 비가 오는 날이면 할머니는 예외 없이 무릎이 아프다고 하셨다. (   )

(2) 할아버지는 항상 예외적인 식사를 해서 건강하다고 하셨다. (   )

3 아래의 문장에서 빈칸에 들어갈 알맞은 말을 찾아 ○표 해 보세요.

(1) 추석이나 설에는 한복을 입는 것이 (   )였다. [상례 | 주례]

(2) 연습에 빠지는 사람은 (   )(으)로 하고 진행하겠습니다. [열외 | 열정]

(3) 이 백화점의 (   )은 할인이 되지 않는다는 것이다. [원칙 | 원인]

4 문장의 밑줄 친 말을 보기 중 하나로 바꾸어 올바른 문장으로 고쳐 써 보세요.

보기

별개의	대부분의	별도의	대단한

새우나 게, 가재 같은 <u>예외적인</u> 갑각류는 익히면 붉게 변한다.

➡ ____________________

실전 문제 풀이

1 '모든 일은 예외 없이 원인에 따라 그에 맞는 결과가 나타난다'는 뜻의 속담은 무엇일까요? (　　)

① 콩이야 팥이야 한다
② 콩도 닷 말 팥도 닷 말
③ 콩을 팥이라고 우긴다
④ 콩 심은 데 콩 나고 팥 심은 데 팥 난다

2 다음 그림을 보고, 식당의 예외 사항은 무엇인지 골라 보세요. (　　)

① 원하는 음식을 만들어 준다.
② 비 오는 날은 국수만 가능하다.
③ 식당은 항상 국수만 판다.
④ 식당은 오늘 문을 닫았다.

3 다음 글의 빈칸에 들어갈 낱말로 알맞은 것을 골라 보세요. (　　)

> 루이스 캄포스 단장은 선수단에게 강한 한마디를 남겼다. 그 말은 "규칙이 정해질 것이며, 모든 선수는 이 규칙을 지켜야 한다. 동의하지 않는 선수가 있다면 자유롭게 팀을 떠날 수 있다."는 것이었다. 보도에 따르면 외출 금지, 식사 시간 휴대 전화 사용 금지가 대표적이다. 세계 최고의 선수인 메시도, 네이마르도 (　　)는 없었다. 그는 "어떤 선수도 팀 위에 있지 않다."고 강조하면서 "지금까지 이 규칙을 어긴 선수는 없다. 규칙에 반대하는 선수도 없었다."고 전해 왔다.

① 의외　　② 예외　　③ 예의　　④ 예시

확인 학습

1 다음 문장에 들어갈 알맞은 낱말을 보기 에서 찾아 써 보세요.

보기

반사　　반응　　반짝　　반복

심각한 사고로 뉴스에서 같은 내용을 ________ 해서 보도하고 있다.

2 '무시'를 잘 사용했으면 ○표, 잘못 사용했으면 X표 해 보세요.

(1) 동생은 일기를 쓴 후부터 글쓰기 실력이 무시되었다. (　　)

(2) 엄마의 말씀을 무시하고 아이스크림을 세 개나 먹었더니 결국 배탈이 났다. (　　)

3 아래의 문장에서 빈칸에 들어갈 알맞은 말을 찾아 ○표 해 보세요.

(1) 목표가 너무 [　　] 현실적으로 바꿔 봐. | 막연하니 | 우연이니 |

(2) 주소가 [　　] 않아 할머니 댁을 찾기 어려웠다. | 명랑하지 | 명확하지 |

(3) 목소리를 들어 보니 밖에 있는 사람은 [　　] 우리 형이다. | 명백하게 | 고백하게 |

4 밑줄 친 말을 보기 중 하나로 바꾸어 올바른 문장으로 고쳐 써 보세요.

보기

상장　　상징　　상업　　상처

보통 빛은 시작, 어둠은 끝을 예외한다.

➡

5 다음 문장의 순서가 바르게 되도록 다시 써 보세요.

일이다.　/　오는 것은　/　봄에 눈이　/　예외적인

➡

종합 문제

'아무리 작고 약한 것이라도 계속되면 무시할 수 없게 커진다'는 뜻의 속담은 무엇일까요? (　　)

① 바람도 지난 바람이 낫다
② 가랑비에 옷 젖는 줄 모른다
③ 바람 따라 돛을 단다
④ 물이 깊어야 고기가 모인다

다음 글에서 반복되는 낱말을 골라 보세요. (　　)

> "응애, 응애!"
> 한참을 울던 아기가 막 잠이 들었다. 나는 아기가 잠에서 깰까 봐 살금살금 조용히 방에서 나왔다.
> '탁!'
> 하지만 문 닫는 소리에 아기는 다시 깨고 말았다.
> "응애, 응애!"

① 문　　② 응애　　③ 조용히　　④ 탁

다음 글의 빈칸에 들어갈 낱말로 알맞은 것을 골라 보세요. (　　)

> 국기는 보통 그 나라의 역사나 국민성, 나라에서 추구하는 이상적인 뜻을 담고 있다. 우리나라의 국기인 태극기도 각각의 문양이 나타내는 뜻이 있다. 중앙의 태극은 해와 달을 뜻하고, 모서리 부분에 있는 4괘는 하늘과 불, 물, 땅을 (　　)한다. 우주의 모든 것을 담은 태극기는 1882년에 만들어져 1883년부터 공식적인 국기로 사용하기 시작했다.

① 상징　　② 사랑　　③ 위로　　④ 생각

우선

앞서
어떤 일에 앞서는 것을 나타낼 때 써요.

어휘 뜻 익히기

1 위의 그림에서 준하가 공부하기 전에 우선 하는 일이 아닌 것은 무엇인가요? (　　　)

① 라면 먹기　② 과자와 음료수 사 오기
③ 내 방 청소하기　④ 저녁 식사 요리하기

2 '우선'이라는 말이 무슨 뜻일지 짐작해 보고, 알맞은 것에 ○표 해 보세요.

항상　앞서　옆에서　조금씩　뒤에서

3 낱말을 따라 쓰고 소리 내어 읽어 보세요.

우선

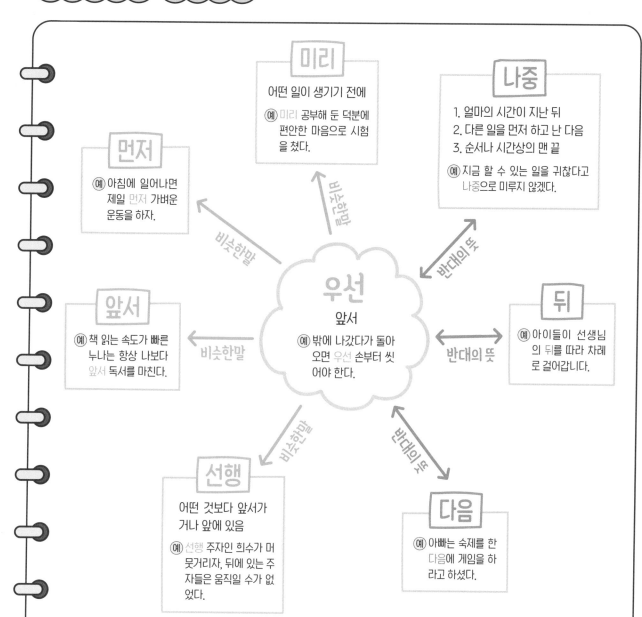

어휘망으로 확장하기

우선
앞서

예 밖에 나갔다가 돌아오면 우선 손부터 씻어야 한다.

미리 (비슷한말)
어떤 일이 생기기 전에

예 미리 공부해 둔 덕분에 편안한 마음으로 시험을 쳤다.

먼저 (비슷한말)
예 아침에 일어나면 제일 먼저 가벼운 운동을 하자.

앞서 (비슷한말)
예 책 읽는 속도가 빠른 누나는 항상 나보다 앞서 독서를 마친다.

선행 (비슷한말)
어떤 것보다 앞서가거나 앞에 있음

예 선행 주자인 희수가 머뭇거리자, 뒤에 있는 주자들은 움직일 수가 없었다.

나중 (반대의 뜻)
1. 얼마의 시간이 지난 뒤
2. 다른 일을 먼저 하고 난 다음
3. 순서나 시간상의 맨 끝

예 지금 할 수 있는 일을 귀찮다고 나중으로 미루지 않겠다.

뒤 (반대의 뜻)
예 아이들이 선생님의 뒤를 따라 차례로 걸어갑니다.

다음 (반대의 뜻)
예 아빠는 숙제를 한 다음에 게임을 하라고 하셨다.

문장으로 확장하기

앞일은 생각해 보지도 아니하고 당장 좋은 것만 취하는 경우를 비유적으로 이르는 속담이에요.

속담
우선 먹기는 곶감이 달다

예 우선 먹기는 곶감이 달다는 말이 딱 네 이야기구나. 케이크와 도넛이 맛있다고 그것만 먹다니…. 건강은 전혀 생각하지 않는 거니?

어휘 뜻 확인하기

① 다음 그림을 보고, 빈칸에 들어갈 알맞은 낱말을 보기 에서 찾아 써 보세요.

보기

다음에 앞서 천천히 나중

책 읽는 속도가 빠른 누나는 항상 나보다 (　　) 독서를 마친다.

➡

② '우선'을 잘 사용했으면 ○표, 잘못 사용했으면 X표 해 보세요.

(1) 외출했다가 돌아오면 우선 손부터 씻어야 한다. (　　　)

(2) 유민이는 방학 숙제를 우선 미루었다가 결국 못 했다. (　　　)

③ 아래의 문장에서 빈칸에 들어갈 알맞은 말을 찾아 ○표 해 보세요.

(1) (　　) 공부해 둔 덕분에 편안한 마음으로 시험을 쳤다. | 미리 | 나중 |

(2) 아침에 일어나면 제일 (　　) 가벼운 운동을 하자. | 멀리 | 먼저 |

(3) 아이들이 선생님의 (　　)(을)를 따라 차례로 걸어갑니다. | 앞 | 뒤 |

④ 밑줄 친 말을 보기 중 하나로 바꾸어 올바른 문장으로 고쳐 써 보세요.

보기

선행 미리 나중 먼저

지금 할 수 있는 일을 귀찮다고 <u>우선</u>(으)로 미루지는 않겠다.

➡

실전 문제 풀이

1 다음 그림에 어울리는 속담은 무엇인가요? (　　　)

① 우선 먹기는 곶감이 달다
② 먹기는 혼자 먹어도 일은 혼자 못 한다
③ 쓰다 달다 말이 없다
④ 곶감 꼬치에서 곶감 빼 먹듯

3주

2 다음 요리에서 가장 우선 할 일을 골라 보세요. (　　　)

① 음식을 식탁에 차린다.
② 채소를 칼로 썬다.
③ 요리 재료를 넣고 끓인다.
④ 채소를 깨끗하게 씻는다.

3 다음 글의 빈칸에 들어갈 낱말로 알맞은 것을 골라 보세요. (　　　)

> 사람들은 돈을 모아 스님께 배를 사 드렸어요.
> "스님, 배고프실 텐데, (　　　) 이거라도 드세요."
> "고맙습니다."
> 스님은 배를 맛있게 먹고 공손히 인사했어요. 그리고 사람들을 둘러보며 말했어요.
> "여러분, 이 배 씨를 심으면 금방 배나무가 되어 배가 열릴 것입니다. 잠시만 기다렸다가 배 하나씩 드시고 가십시오."

① 우선　　② 우연　　③ 우수　　④ 우려

3주 2일

의식하다

특별히 신경 쓰거나 깨닫고 느끼다

❶ 무엇을 특별히 신경 쓰다
❷ 어떤 일을 깨닫거나 느끼다

방금까지 괜찮았는데, 내가 좋아하는 유민이가 보고 있다는 걸 의식하니까 이렇게 됐어. 도저히 긴장이 풀리지 않아.

저런!

어휘 뜻 익히기

1 위의 그림에서 하빈이는 무엇을 의식할 때 긴장할까요? (　　　)

① 노래를 하는 것
② 좋아하는 유민이가 보고 있는 것
③ 로봇처럼 해야 하는 것
④ 집에 가는 것

2 '의식하다'라는 말이 무슨 뜻일지 짐작해 보고, 알맞지 않은 것에 ○표 해 보세요

특별히 신경 쓰다　　느끼다　　깨닫다　　관심이 없다

3 낱말을 따라 쓰고 소리 내어 읽어 보세요.

의 식 하 다

어휘망으로 확장하기

의식하다
특별히 신경 쓰거나 깨닫고 느끼다
㉄ 짠 음식은 건강에 안 좋으니, 의식해서라도 싱겁게 먹어야겠다.

비슷한말 → **눈길**
1. 눈이 가는 곳
2. 주의나 관심을 비유적으로 이르는 말
㉄ 어렵고 힘든 이웃에 대한 따뜻한 눈길이 필요합니다.

비슷한말 → **느끼다**
㉄ 사고를 보고 나서야 안전띠의 중요성을 느꼈다.

반대의 뜻 ↔ **도외시**
상관하지 않거나 무시함
㉄ 환경 문제를 도외시하면 그 대가는 다음 세대가 치르게 된다.

비슷한말 → **주목**
관심을 가지고 주의 깊게 살핌
㉄ 선생님은 특별한 교육 방법을 소개해 참석자들의 주목을 끌었다.

반대의 뜻 ↔ **묵살**
의견이나 제안 등을 듣고도 못 들은 척함
㉄ 친구의 간절한 부탁을 묵살하기는 쉽지 않다.

파생어 → **의식적**
㉄ 나는 거북목을 예방하려고 의식적으로 목과 허리를 펴고 걷는다.

헷갈리기 쉬운 말 → **의식(儀式)**
정해진 방법이나 절차에 따라 치르는 행사
㉄ 올림픽 개막식은 올림픽의 시작을 알리는 의식이다.

3주

문장으로 확장하기

속담

샘을 보고 하늘을 본다

㉄ 샘을 보고 하늘을 본다고 매일 먹는 급식이 오늘따라 유독 새롭고 맛있다.

한없이 넓은 하늘에는 관심이 없었다가 샘 속에 비친 하늘을 보고서야 비로소 하늘을 쳐다본다는 뜻으로, 늘 보고 겪는 것에 대하여 우연히 새롭게 의식하게 된다는 속담이에요.

어휘 뜻 확인하기

1 다음 그림을 보고, 빈칸에 들어갈 알맞은 낱말을 **보기** 에서 찾아 써 보세요.

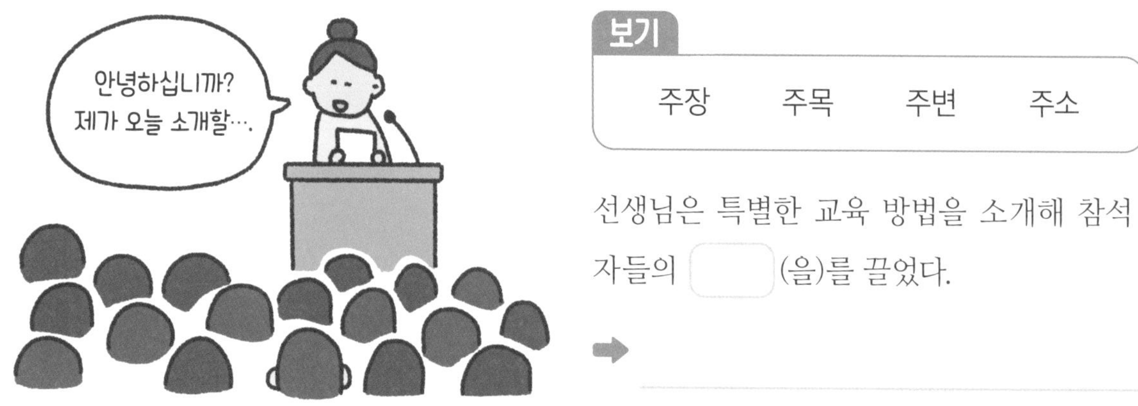

보기

주장	주목	주변	주소

선생님은 특별한 교육 방법을 소개해 참석자들의 (　　　)(을)를 끌었다.

➡ ______________________

2 '의식하다'를 잘 사용했으면 ○표, 잘못 사용했으면 X표 해 보세요.

(1) 횡단보도에서 교통 신호를 의식하고 건너면 아주 위험해. (　　　)

(2) 짠 음식은 건강에 안 좋으니, 의식해서라도 싱겁게 먹어야겠다. (　　　)

3 아래의 문장에서 빈칸에 들어갈 알맞은 말을 찾아 ○표 해 보세요.

(1) 환경 문제를 (　　　)하면 그 대가는 다음 세대가 치르게 된다. [도외시 | 도무지]

(2) 어렵고 힘든 이웃에 대한 따뜻한 (　　　)이 필요합니다. [밤길 | 눈길]

(3) 사고를 보고 나서야 안전띠의 중요성을 (　　　). [느꼈다 | 무시했다]

4 밑줄 친 말을 **보기** 중 하나로 바꾸어 올바른 문장으로 고쳐 써 보세요.

보기

관심	묵살	눈길	주목

친구의 간절한 부탁을 <u>의식</u>하기는 쉽지 않다.

➡ ______________________

실전 문제 풀이

1 다음 그림처럼 '늘 보고 겪는 것에 대해 새롭게 의식하게 된다'는 뜻의 속담은 무엇일까요? (　　　)

우리 손녀, 아기였을 때가 엊그제 같은데,
벌써 학교에 가는 나이라고?

① 하늘의 별 따기
② 샘을 보고 하늘을 본다
③ 하늘은 스스로 돕는 자를 돕는다
④ 하늘이 무너져도 솟아날 구멍은 있다

3주

2 다음 그림을 보고, 아이들의 대답으로 적절하지 않은 것을 골라 보세요. (　　　)

① 다음에 또 같이 놀러 가고 싶어요.
② 가족의 소중함을 느꼈어요.
③ 가족이 모두 함께해서 재밌었어요.
④ 친구들과 여행을 가니 싫었어요.

3 다음 글의 빈칸에 들어갈 낱말로 알맞은 것을 골라 보세요. (　　　)

> 화엄사 화엄원 마당의 하늘에는 밝은 반달이 떴고, 관광객들과 지역 주민들 그리고 템플 스테이 참가자들은 아름다운 영화 음악을 감상하며 즐거운 여름밤을 보냈습니다. 달빛 아래 산사에 울려 퍼지는 영화 음악은 색다른 감동을 선사했습니다. 모든 연주가 끝난 후, 조명이 꺼지면서 반딧불이가 날아다니는 듯한 멋진 공연이 진행되어 더욱 (　　　) 을 끌었습니다.

① 눈길　　② 밤길　　③ 앞길　　④ 물길

3주 3일

제공

내줌
무엇을 내주거나 가져다주는 것을 나타내는 말이에요.

어휘 뜻 익히기

1 위의 그림의 행사장에서 제공하는 것은 무엇인가요? (   )

① 식사　　② 응원 도구　　③ 학용품　　④ 기념품

2 '제공'이라는 말이 무슨 뜻일지 짐작해 보고, 알맞은 것에 ○표 해 보세요.

빌림　　가져옴　　내줌　　없앰　　뺏음

3 낱말을 따라 쓰고, 소리 내어 읽어 보세요.

어휘망으로 확장하기

제공
내줌

㉠ 이 가게는 햄버거를 주문하면 음료를 함께 제공해 줘.

주다 (비슷한말)

㉠ 엄마는 동생에게 일주일 동안 사용할 용돈을 주었다.

받다 (반대의 뜻)

㉠ 크리스마스에는 산타 할아버지께 인형을 받고 싶어요.

베풀다 (비슷한말)

다른 사람에게 도움을 주다

㉠ 선생님께서 그동안 제게 베풀어 주신 은혜는 절대 잊지 않겠습니다.

획득 (반대의 뜻)

얻어 내어 가짐

㉠ 배구 대표팀이 오늘 금메달 획득에 나섭니다.

공급 (비슷한말)

요구나 필요에 따라 물건이나 돈 등을 주는 것

㉠ 지진이 나서 전기 공급이 끊겼어요.

차지 (반대의 뜻)

사물이나 공간, 지위 등을 자기 몫으로 가짐 또는 그 사물이나 공간

㉠ 우리 집에 있는 장난감은 모두 동생 차지였다.

보급 (비슷한말)

필요한 물건이나 돈 등을 계속해서 대 줌

㉠ 태풍으로 어려움을 겪은 지역에 물과 음식을 보급하기로 했다.

문장으로 확장하기

속담

주는 떡도 못 받아먹는다

㉠ 예상 문제를 다 알려 주셨는데도 시험을 망쳤다고? 너는 주는 떡도 못 받아먹는구나.

남이 제공하는 떡도 받아먹지 못하는 상황을 비유적으로 이르는 말로, 자기가 받을 수 있는 복도 어리석게 놓친다는 속담이에요.

어휘 뜻 확인하기

1 다음 그림을 보고, 빈칸에 들어갈 알맞은 낱말을 보기 에서 찾아 써 보세요.

우리 집만 정전이 아니라
이 주변이 다 정전인 모양이야.

보기

공부 공간 공연 공급

지진이 나서 전기 [ ](이)가 끊겼어요.

➡ ____________________

2 '제공'을 잘 사용했으면 ○표, 잘못 사용했으면 X표 해 보세요.

(1) 이 가게는 햄버거를 주문하면 음료를 함께 제공해 줘. (　　　)

(2) 독서실은 소음을 완전히 제공해서 집중이 잘된다. (　　　)

3 아래의 문장에서 빈칸에 들어갈 알맞은 말을 찾아 ○표 해 보세요.

(1) 엄마는 동생에게 일주일 동안 사용할 용돈을 [ ]. | 먹었다 | 주었다 |

(2) 선생님께서 그동안 제게 [ ] 주신 은혜는 절대 잊지 않겠습니다. | 베풀어 | 획득해 |

(3) 우리 집에 있는 장난감은 모두 동생 [ ] 였다. | 차이 | 차지 |

4 밑줄 친 말을 보기 중 하나로 바꾸어 올바른 문장으로 고쳐 써 보세요.

보기

보급 공급 제시 획득

배구 대표팀이 오늘 금메달 제공에 나섭니다.

➡ ____________________

실전 문제 풀이

1 다음 그림처럼 '자기가 받을 수 있는 복도 어리석게 놓친다'는 뜻의 속담은 무엇일까요? (　　　)

떡 먹으렴. 아~
푸에취~
툭

① 싼 것이 비지떡
② 누워서 떡 먹기
③ 주는 떡도 못 받아먹는다
④ 보기 좋은 떡이 먹기도 좋다

2 아이들이 새로 생긴 문구점을 가는 이유로 가장 적절한 것을 골라 보세요. (　　　)

○○문구점
개업 기념
선물 증정

① 거리가 멀어서
② 가는 방법이 불편해서
③ 물건이 비싸기 때문에
④ 선물을 주기 때문에

3 다음 글의 빈칸에 들어갈 말로 알맞은 것을 골라 보세요. (　　　)

> 아름다운 천은 흰 거미가 밤새 달빛을 하나하나 모아 정성스럽게 짠 천이었어요.
> "흰 거미야, 이렇게 귀하고 소중한 것을 내가 받을 수는 없어."
> "구아드 님, 이것은 지금까지 저에게 [　　　] 은혜에 대한 보답입니다. 꼭 받아 주세요. 이 천이라면 사랑하는 피카스 님과 결혼하실 수 있을 거예요."
> 구아드는 흰 거미의 말에 마음이 벅차올랐어요.

① 얻어 가신　② 베풀어 주신　③ 획득하신　④ 뺏어 가신

3주

3주 4일

제한

정하거나 막음

일정한 정도나 범위를 정함 또는 그 정도나 범위를 넘지 못하게 막는 것을 뜻해요.

나도 이 모둠에 들어가도 돼?
응? 갑자기?
두근 두근

미안, 인원이 다 찼어. 선생님께서 다섯 명으로 인원을 제한하라고 하셨거든.

선생님, 토론 주제가 '자유'인데, 어떻게 모둠 인원부터 제한하시나요? 자유롭게 하고 싶습니다!
호오~ 그래?

마음대로 하는 것이 자유가 아니라는 걸 보여 주기 위해서란다.
아… 그런 깊은 뜻이…

어휘 뜻 익히기

1 위의 그림에서 모둠을 정할 때 선생님께서 제한한 것은 무엇인가요? (　　　)

① 질문　　② 모둠 인원수　　③ 토론 주제　　④ 학급 인원수

2 '제한'이라는 말이 무슨 뜻일지 짐작해 보고, 알맞은 것에 ○표 해 보세요.

새롭게 고침　　정한 것이 없음　　자유롭게 풀어 줌　　정하거나 막음

3 낱말을 따라 쓰고 소리 내어 읽어 보세요.

제 한

어휘망으로 확장하기

제한
정하거나 막음

예 조선 시대에는 신분에 따라 입을 수 있는 옷이 제한되어 있었다.

비슷한말

억제
감정이나 충동, 행위, 현상 등을 억눌러 멈추게 함

예 이 채소는 비타민이 많아 감기 바이러스를 억제하는 효과가 있습니다.

비슷한말

한계
어떤 것이 실제로 일어나거나 영향을 미치는 범위

예 그만해. 참는 것도 한계가 있어.

반대의 뜻

무제한
정해진 한도나 범위가 없음

예 그 식당은 만 원만 내면 치킨을 무제한으로 먹을 수 있다.

반대의 뜻

자유
예 새들은 하늘을 자유롭게 날 수 있다.

비슷한말

억누르다
감정이 나타나지 않도록 스스로 참다 또는 자유롭게 행동하지 못하게 힘을 가하다

예 유나는 슬픔을 억누르다가 결국 소리 내어 울었다.

반대의 뜻

무한
수, 양, 공간, 시간 따위에 제한이나 한계가 없음

예 가족의 무한한 사랑에 항상 감사한다.

비슷한말

끊다
이어진 것을 자르다 또는 하던 일을 하지 않거나 멈추게 하다

예 중간 광고가 늘어서 방송 프로그램의 흐름이 끊긴다.

헷갈리기 쉬운 말

제안
의견이나 안건으로 내놓음

예 현수는 모임을 온라인으로 하자고 제안했다.

문장으로 확장하기

속담

말 타면 경마* 잡히고 싶다

예 말 타면 경마 잡히고 싶다고, 밥을 차려 줬더니 이제 후식을 달라고 하는구나.

사람의 욕심이란 한계가 없다는 뜻이에요.

*경마: 남이 탄 말의 고삐를 잡고 말을 모는 일

어휘 뜻 확인하기

1 다음 그림을 보고, 빈칸에 들어갈 알맞은 낱말을 보기 에서 찾아 써 보세요.

보기

억겁 억울 억제 문제

이 채소는 비타민이 많아 감기 바이러스를 ( ) 하는 효과가 있습니다.

➡ ______________________

2 '제한'을 잘 사용했으면 ○표, 잘못 사용했으면 X표 해 보세요.

(1) 조선 시대에는 신분에 따라 입을 수 있는 옷이 제한되어 있었다. (　　)

(2) 많은 시민의 제한으로 시청 도서관을 누구나 이용할 수 있게 되었다. (　　)

3 아래의 문장에서 빈칸에 들어갈 알맞은 말을 찾아 ○표 해 보세요.

(1) 그만해. 참는 것에도 ( ) 가 있어. [한지 | 한계]

(2) 중간 광고가 늘어서 방송 프로그램의 흐름이 ( ). [끊긴다 | 살린다]

(3) 새들은 하늘을 ( ) 롭게 날 수 있다. [자세 | 자유]

4 밑줄 친 말을 보기 중 하나로 바꾸어 올바른 문장으로 고쳐 써 보세요.

보기

억제 무제한 한계 한도

그 식당은 만 원만 내면 치킨을 <u>제한</u>(으)로 먹을 수 있다.

➡ ______________________

실전 문제 풀이

1 '사람의 욕심이란 한계가 없다'는 뜻의 속담은 무엇일까요? (　　　)

① 말이 씨가 된다
② 말 타면 경마 잡히고 싶다
③ 말 한마디에 천 냥 빚도 갚는다
④ 말이 말을 만든다

3주

2 다음 그림에서 제한하는 것을 골라 보세요. (　　　)

① 카페 이용
② 도로 이용
③ 개인 그릇 사용
④ 일회용 컵 사용

3 다음 글의 빈칸에 들어갈 낱말로 알맞은 것을 골라 보세요. (　　　)

> 그날 밤도 호랑이는 무를 우적우적 먹기도 하고, 밟고 다니기도 하며 할머니의 소중한 무밭을 망치고 있었어요.
> "어떻게 하면 저 심술쟁이 호랑이를 쫓아 버릴 수 있을까? 옳지!"
> 할머니는 화가 난 마음을 겨우 (　　　) 호랑이에게 말했어요.
> "호랑이야, 너는 그렇게도 먹을 게 없니? 오늘 밤에 우리 집에 놀러 오려무나. 내가 무보다 훨씬 맛있는 걸 만들어 줄게."

① 억울하게　　② 억세게　　③ 억누르고　　④ 어색하고

3주 5일

증가

많아짐

수나 양이 더 늘어나거나 많아지는 것을 나타내는 말이에요.

요즘 에너지를 절약하기 위해서 대중교통을 이용하는 사람들이 증가했대.

맞아. 그래서 우리 엄마도 자동차 대신 지하철을 타고 다니셔.

우리 아빠는 자전거로 회사를 다니시지.
우아! 대단하시다!

몸무게가 많이 증가하셨거든. 에너지도 아끼고 몸무게도 줄이고, 우리 아빠는 일석이조!
헉헉-
아~

어휘 뜻 익히기

1 위의 그림에서 대중교통을 이용하는 사람들이 증가한 이유는 무엇인가요? ( )

① 몸무게가 많이 줄어서 ② 자전거가 불편해서
③ 에너지를 절약하기 위해서 ④ 자동차가 편해서

2 '증가'라는 말이 무슨 뜻일지 짐작해 보고, 알맞은 것에 ○표 해 보세요.

적어짐 줄어듦 많아짐 없어짐 사라짐

3 낱말을 따라 쓰고 소리 내어 읽어 보세요.

증가

어휘망으로 확장하기

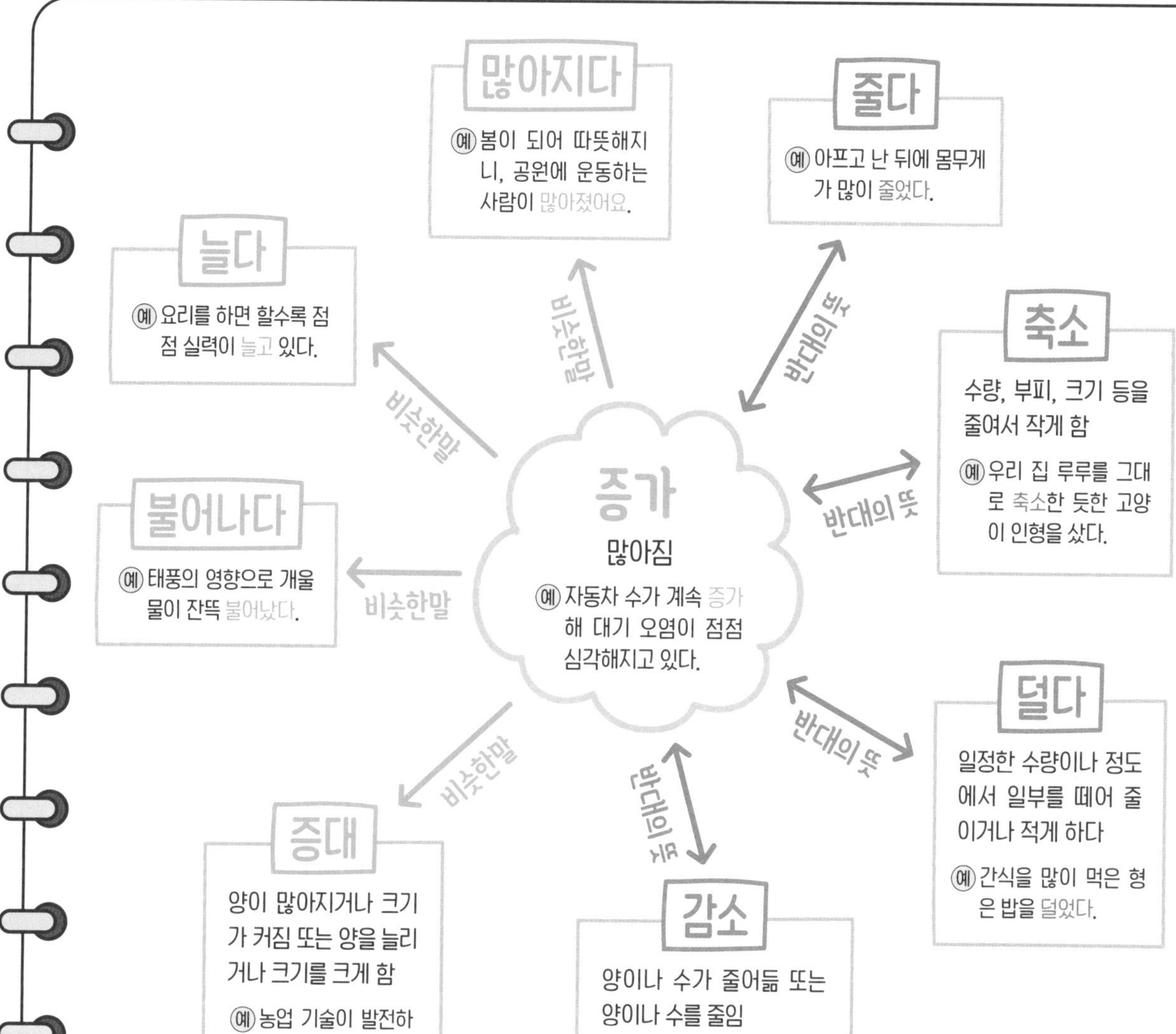

많아지다
예 봄이 되어 따뜻해지니, 공원에 운동하는 사람이 많아졌어요.
줄다
예 아프고 난 뒤에 몸무게가 많이 줄었다.
늘다
예 요리를 하면 할수록 점점 실력이 늘고 있다.
축소
수량, 부피, 크기 등을 줄여서 작게 함
예 우리 집 루루를 그대로 축소한 듯한 고양이 인형을 샀다.
불어나다
예 태풍의 영향으로 개울물이 잔뜩 불어났다.
증가
많아짐
예 자동차 수가 계속 증가해 대기 오염이 점점 심각해지고 있다.
비슷한말
반대의 뜻
덜다
일정한 수량이나 정도에서 일부를 떼어 줄이거나 적게 하다
예 간식을 많이 먹은 형은 밥을 덜었다.
증대
양이 많아지거나 크기가 커짐 또는 양을 늘리거나 크기를 크게 함
예 농업 기술이 발전하면서 쌀의 수확량이 증대되었다.
감소
양이나 수가 줄어듦 또는 양이나 수를 줄임
예 백신 개발로 전염병에 걸리는 사람들의 수가 감소했다.

3주

문장으로 확장하기

속담
쥐 소금 먹듯

조금씩 조금씩 줄어 없어지는 경우를 비유적으로 이르는 속담

예 그 많던 재산이 쥐 소금 먹듯 야금야금 다 사라져 버렸다.

속담
티끌 모아 태산

아무리 작은 것이라도 모이고 모여 증가하다 보면, 나중에 큰 덩어리가 되는 것을 비유적으로 이르는 속담

예 티끌 모아 태산이라고 반 친구들의 힘을 모두 모으면 줄다리기를 이길 수 있을 거야!

어휘 뜻 확인하기

1 다음 그림을 보고, 빈칸에 들어갈 알맞은 말을 보기 에서 찾아 써 보세요.

보기

먹고 있다	늘고 있다	덜었다	흐려졌다

요리를 하면 할수록 점점 실력이 (　　　).

➡ ______________________

2 '증가'를 잘 사용했으면 ○표, 잘못 사용했으면 X표 해 보세요.

(1) 여행 가방 안에 옷이 너무 많으니 좀 증가시키게 하자. (　　　)

(2) 자동차 수가 계속 증가해 대기 오염이 점점 심각해지고 있다. (　　　)

3 아래의 문장에서 빈칸에 들어갈 알맞은 말을 찾아 ○표 해 보세요.

(1) 봄이 되어 따뜻해지자, 공원에 운동하는 사람이 (　　　). [많아졌어요 | 사라졌어요]

(2) 할아버지는 근검절약해서 재산이 (　　　) 하셨다. [돌아갔다고 | 불어났다고]

(3) 백신 접종으로 전염병에 걸리는 사람들의 수가 (　　　)했다. [감소 | 감상]

4 밑줄 친 말을 보기 중 하나로 바꾸어 올바른 문장으로 고쳐 써 보세요.

보기

웃었다	있었다	줄었다	막았다

아프고 난 뒤에 몸무게가 많이 <u>말했다</u>.

➡ ______________________

1 다음 그림에 어울리는 속담은 무엇인가요? (   )

내 컵라면이 조금씩 줄어들더니
이제 거의 없잖아?
부들
부들

① 쥐 소금 먹듯
② 고양이 쥐 생각
③ 쌀독에 앉은 쥐
④ 고양이 세수하듯

2 다음 그림에서 개울물이 어떻게 되었는지 골라 보세요. (   )

태풍으로
물이 많아져서
못 지나가겠어.
콸~콸

① 태풍의 영향으로 개울물이 줄었다.
② 태풍의 영향으로 개울물이 불어났다.
③ 개울물이 많이 오염되었다.
④ 개울물이 더 깨끗해졌다.

3 다음 글의 빈칸에 들어갈 낱말로 알맞은 것을 골라 보세요. (   )

> 장맛비가 그치고 본격적인 무더위가 시작되었습니다. 이 시기에는 무더위 때문에 냉방 기구의 사용이 (   )할 수밖에 없는데요, 이에 따라 냉방 기구의 화재 역시 (   )하고 있다고 합니다. 본격적인 더위가 시작되는 7월부터 무더위가 기승을 부리는 8월까지 가장 많이 발생한다고 하니, 냉방기 사용에 더욱 주의해야겠습니다.

① 증세　　② 증여　　③ 증가　　④ 감소

확인 학습

1 다음 문장에 들어갈 알맞은 낱말을 보기 에서 찾아 써 보세요.

보기

제출 　 제한 　 무한 　 권한

시험 시간을 한 시간으로 ________ 하니 시간 내에 문제를 모두 푸세요.

2 '우선'을 잘 사용했으면 ○표, 잘못 사용했으면 X표 해 보세요.

(1) 놀기 전에 우선 밥부터 먹어라. (　　　)

(2) 유민이는 방학 숙제를 우선 미루다가 결국 못 했다. (　　　)

3 아래의 문장에서 빈칸에 들어갈 알맞은 말을 찾아 ○표 해 보세요.

(1) 자신감을 되찾으려고 [　　] 으로 허리를 펴고 걸었다. | 의식적 | 기능적 |

(2) 사고를 보고 나서야 안전띠의 중요성을 [　　]. | 정했다 | 느꼈다 |

(3) 친구의 간절한 부탁을 [　　] 하기는 쉽지 않다. | 묵살 | 의식 |

4 밑줄 친 말을 보기 중 하나로 바꾸어 올바른 문장으로 고쳐 써 보세요.

보기

평균 　 축하 　 감소 　 증가

농업 기술이 발전하면서 쌀의 수확량이 평가했다.

➡ ________________________________

5 다음 문장의 순서가 바르게 되도록 다시 써 보세요.

보급하기로 했다. / 태풍으로 / 지역에 물과 음식을 / 어려움을 겪은

➡ ________________________________

종합 문제

'자기가 받을 수 있는 복도 어리석게 놓친다'는 뜻의 속담은 무엇일까요? (　　　)

① 누워서 떡 먹기
② 싼 것이 비지떡
③ 주는 떡도 못 받아먹는다
④ 보기 좋은 떡이 먹기도 좋다

그림의 유미는 할 일을 순서대로 하려고 해요. 유미가 오늘 우선 할 일을 골라 보세요.
(　　　)

오늘 할 일
① 수학 숙제하기
② 강아지 간식 주기
내일 할 일
① 방 청소하기
② 운동하기

① 운동하기
② 방 청소하기
③ 수학 숙제하기
④ 고양이 간식 주기

다음 글의 빈칸에 들어갈 말로 알맞은 것을 골라 보세요. (　　　)

> 시골 쥐는 쥐구멍으로 몸을 숨긴 뒤에야 안심할 수 있었습니다.
> "도시 쥐야, 저 사람들은 누구야? 이곳은 너희 집이 아니니?"
> "아…, 그게…. 여기 사는 사람들인데, [　　　]. 한동안은 들어오지 않을 거야. 다시 식탁 위로 올라가서 얼른 케이크 먹자. 누가 오기 전에 말이야."
> 도시 쥐는 아무렇지 않다는 듯 말했지만 시골 쥐는 너무 불안했어요.

① 의식하지 마　　② 먹지 마　　③ 걸어가 보자　　④ 들어 보자

추리

아는 것으로 미루어 생각함

알고 있는 것을 바탕으로 알지 못하는 것을 미루어 생각한다는 말이에요.

어휘 뜻 익히기

1 위의 그림에서 둥이가 범인이라고 추리한 이유가 아닌 것은 무엇인가요? (　　　)

① 소파에 발톱으로 긁힌 자국이 있음.　② 소파에 이빨 자국이 있음.
③ 둥이가 소파를 물어뜯는 모습을 직접 봄.　④ 전에도 둥이가 소파를 물어뜯은 적이 있음.

2 '추리'라는 말이 무슨 뜻일지 짐작해 보고, 알맞은 것에 ○표 해 보세요.

모름　　모르는 것으로 상상함　　아는 것으로 미루어 생각함　　알 수 없음

3 낱말을 따라 쓰고, 소리 내어 읽어 보세요.

추 리

어휘망으로 확장하기

추리
아는 것으로 미루어 생각함

예 우리 반 토마토 화분을 누가 망가뜨렸는지 함께 추리해 보자.

비슷한말

짐작
사정이나 형편 등을 어림잡아 헤아림

예 내 짐작에는 운동장에 백 명 정도 모여 있는 것 같아.

비슷한말

예상
어떤 일을 직접 당하기 전에 미리 생각하여 둠

예 엎치락뒤치락하는 경기가 이어져 우승 팀을 예상할 수 없었다.

비슷한말

추측
미루어 생각해 헤아림

예 사고 원인은 허술한 바닥 공사 때문이라고 추측했다.

비슷한말

예측
앞으로의 일을 미리 헤아려 짐작함

예 기상청은 올겨울이 작년보다 더 추울 것으로 예측했습니다.

반대의 뜻

의외
전혀 생각이나 예상을 하지 못함

예 크게 넘어졌다던 언니는 의외로 아무렇지도 않아 보였다.

헷갈리기 쉬운 말

추레하다
겉모습이 깨끗하지 못하고 생기가 없다

예 주호는 추레한 모습으로 나타났다.

활용

추리 소설
범죄 사건을 주된 내용으로 하며 그 사건을 추리하여 해결하는 내용의 소설

예 수정이는 추리 소설을 읽으며 숨겨진 비밀을 풀어 나갔다.

4주

문장으로 확장하기

속담

내 속 짚어 남의 말 한다

예 내 속 짚어 남의 말 한다고, 네가 여행을 좋아하는 것처럼 모두 여행을 좋아하는 건 아니야.

자기 생각을 바탕으로 헤아려서 남도 그럴 것이라고 짐작해 말한다는 뜻이에요.

어휘 뜻 확인하기

1 다음 그림을 보고, 빈칸에 들어갈 알맞은 낱말을 보기 에서 찾아 써 보세요.

우아, 많다!

보기

짐짓　　짐작　　시작　　고작

내 [　　] 에는 운동장에 백 명 정도 모여 있는 것 같아.

➡ ____________________

2 '추리'를 잘 사용했으면 ○표, 잘못 사용했으면 ×표 해 보세요.

(1) 토마토 화분을 누가 망가뜨렸는지 함께 추리해 보자. (　　　)

(2) 주호는 추리한 모습으로 나타났다. (　　　)

3 아래의 문장에서 빈칸에 들어갈 알맞은 말을 찾아 ○표 해 보세요.

(1) 엎치락뒤치락하는 경기가 이어져 우승 팀을 [　　] 할 수 없었다. | 예상 | 예의 |

(2) 사고 원인은 허술한 바닥 공사 때문이라고 [　　] 했다. | 추가 | 추측 |

(3) 기상청은 올겨울이 작년보다 더 추울 것으로 [　　] 했습니다. | 예측 | 예민 |

4 밑줄 친 말을 보기 중 하나로 바꾸어 올바른 문장으로 고쳐 써 보세요.

보기

의의로　　의사로　　의외로　　소외로

크게 넘어졌다던 언니는 <u>예상대로</u> 아무렇지도 않아 보였다.

➡ ____________________

실전 문제 풀이

1 다음 그림에 어울리는 속담은 무엇인가요? (   )

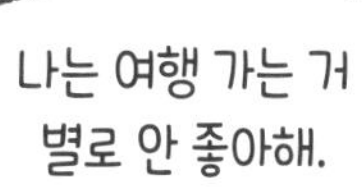

나는 여행 가는 거
별로 안 좋아해.

정말? 나는 당연히
너도 여행을 좋아할 거라
생각했어.

① 윗물이 맑아야 아랫물이 맑다
② 입에 쓴 약이 병에는 좋다
③ 내 속 짚어 남의 말 한다
④ 하룻강아지 범 무서운 줄 모른다

2 다음 그림을 보고, 이 사람의 직업을 추리해 보세요. (   )

오늘까지 노래를
만들어야 해.

① 화가
② 작곡가
③ 태권도 선수
④ 교장 선생님

3 다음 글의 빈칸에 들어갈 낱말로 알맞지 않은 것을 골라 보세요. (   )

> 아이들이 꿀단지를 궁금해하자, 당황한 훈장 선생님은 꿀단지를 얼른 벽장 속에 감추며 말했어요.
> "이건 독약이란다. 절대로 먹어선 안 돼!"
> 하지만 아이들은 훈장 선생님의 말을 믿지 않았어요.
> "저건 절대로 독약이 아니야. 내가 몇 번이나 몰래 훔쳐봤는데 훈장 선생님께서는 저 단지 안의 것을 늘 맛있게 드셨는걸? 내 (   )으로는 분명 맛있고 귀한 것이 들어 있어!"

① 추측　　② 짐작　　③ 예상　　④ 정확

2일

깊이 연구함

어떤 것을 파고들어 깊이 연구하는 것을 나타내는 말이에요.

어휘 뜻 익히기

1 위의 그림에서 동생이 탐구하고 싶은 것은 무엇인가요? (　　　)

① 요즘 많이 탐구되고 있는 것　② 많이 알려진 사실
③ 누구나 쉽게 알 수 있는 분야　④ 아직 밝혀지지 않은 분야

2 '탐구'라는 말이 무슨 뜻일지 짐작해 보고, 알맞은 것에 ○표 해 보세요.

대충 연구함　대강 알아봄　상상하며 즐김　깊이 연구함

3 낱말을 따라 쓰고 소리 내어 읽어 보세요.

탐 구

어휘망으로 확장하기

탐구
깊이 연구함
㉾ 생물 탐구를 좋아하는 이준이는 과학자가 꿈입니다.

궁리하다 (비슷한말)
깊이 연구하다 또는 마음 속으로 이리저리 따져 깊이 생각하다
㉾ 은솔이는 퍼즐을 풀기 위해 이리저리 궁리했다.

연구 (비슷한말)
어떤 일이나 사물에 대해 깊이 있게 조사하고 생각하여 맞는지 따져 보는 일
㉾ 우주에 관한 연구는 세계적으로 관심이 높다.

건성 (반대의 뜻)
어떤 일을 정성스러운 마음 없이 대충 하는 것
㉾ 내 말에 건성으로 대답하지 말아 줘.

조사 (비슷한말)
어떤 일이나 사물의 내용을 알기 위하여 자세히 살펴보거나 찾아봄
㉾ 학급 토론을 위해 찬성 의견에 해당하는 자료를 많이 조사했다.

대략 (반대의 뜻)
대강의 줄거리만 추려서 또는 대충 어림잡아서
㉾ 이번 시험의 결과를 대략이라도 알고 싶다.

탐색 (비슷한말)
알려지지 않은 사물이나 현상을 밝히기 위해 살피어 찾음
㉾ 우리 학교는 학생들의 진로 탐색에 도움이 되도록 상담실을 운영합니다.

대강 (반대의 뜻)
자세히 하지 않고 기본적인 정도로
㉾ 시간이 부족해서 대강 설명했다.

탐구력 (합성어)
㉾ 세종이는 선생님께 탐구력과 집중력이 뛰어나다는 칭찬을 받았다.

탐구심 (합성어)
㉾ 지혜는 탐구심이 강해서 어려운 문제도 끝까지 푼다.

사자성어로 확장하기

사자성어

주마간산(走馬看山)

㉾ 짧은 여행이라서 주마간산으로 봤더니, 기억에 남는 게 없어.

말을 타고 달리며 자연을 구경한다는 뜻으로 자세히 살피지 않고, 대강 보고 지나간다는 말이에요.

어휘 뜻 확인하기

1 다음 그림을 보고, 빈칸에 들어갈 알맞은 낱말을 보기 에서 찾아 써 보세요.

더 실험해 보자.
응!

보기

연락 연습 연결 연구

바이러스에 관한 (　　)(은)는 세계적으로 관심이 높다.

➡

2 '탐구'를 잘 사용했으면 ○표, 잘못 사용했으면 X표 해 보세요.

(1) 내가 먼저 사과하는 것은 탐구심이 허락하지 않는 일이야. (　　　)

(2) 생물 탐구를 좋아하는 이준이는 과학자가 꿈입니다. (　　　)

3 아래의 문장에서 빈칸에 들어갈 알맞은 말을 찾아 ○표 해 보세요.

(1) 우리 학교는 학생들의 진로 (　　)에 도움이 되도록 상담실을 운영한다. 탐색 | 탐정

(2) 학급 토론을 위해 찬성 의견에 해당하는 자료를 많이 (　　)했다. 조리 | 조사

(3) 이번 시험의 결과를 (　　)이라도 알고 싶다. 생략 | 대략

4 밑줄 친 말을 보기 중 하나로 바꾸어 올바른 문장으로 고쳐 써 보세요.

보기

자세히 깊이 대강 최강

시간이 부족해서 <u>대부분</u> 설명했다.

➡

실전 문제 풀이

1 다음 그림처럼 '자세히 살피지 않고, 대강 보고 지나간다'는 뜻의 사자성어는 무엇일까요? (　　　)

청소를 그렇게 대강 하면 어떻게 하니? 네 책상에 먼지가 그대로 있잖아.
앗!
슥-

① 어부지리(漁夫之利)
② 조삼모사(朝三暮四)
③ 주마간산(走馬看山)
④ 전화위복(轉禍爲福)

4주

2 다음 그림에서 아이들은 무엇을 탐구하고 있는지 골라 보세요. (　　　)

① 지리
② 우주
③ 곤충
④ 날씨

3 다음 글의 빈칸에 들어갈 낱말로 알맞은 것을 골라 보세요. (　　　)

운동은 우리 두뇌에 어떤 영향을 미칠까요? 캐나다 웨스턴대 연구팀은 단 10분의 짧은 운동만으로도 집중력, 기억력, 의사 결정 능력 등의 뇌 기능을 높이는 데 뚜렷한 효과가 있다는 (　　　) 결과를 발표했습니다. 꾸준히, 지속적으로 운동해야 뇌에 영향을 미친다는 대부분의 주장과는 다르게 단 10분 운동만으로도 효과가 있다는 주장은 처음이라고 합니다.

① 연구　　② 도구　　③ 허구　　④ 추구

4주 3일

표시

드러내 보임

표를 해서 겉으로 드러내 보일 때 써요.

화장품이 다 똑같이 생겼는데, 어느 것부터 사용해야 해?
뭐가 이렇게 많아?

뚜껑에 연한 파란색으로 표시해 둔 걸 가장 먼저 사용하면 돼.
뭐? 파란 표시가 이렇게 많은데?

잘 봐. 모두 다르잖아. 이건 진한 파란색, 이건 연한 파란색, 이건 노란색이 섞인 파란색, 이건 반짝이는 파란색, 이건 남색에 가까운 파란….
응?

누나, 그냥 아무거나 줘.
그래…
누나가 알아서 줘!

어휘 뜻 익히기

1 위의 그림에서 가장 먼저 사용해야 하는 표시는 무엇인가요? (　　　)

① 진한 파란색　② 연한 파란색　③ 반짝이는 파란색　④ 노란색

2 '표시'라는 말이 무슨 뜻일지 짐작해 보고, 알맞은 것에 ○표 해 보세요.

드러내 보임　보이는 것을 숨김　꼭꼭 감춤　보이는 것을 없앰

3 낱말을 따라 쓰고 소리 내어 읽어 보세요.

표 시

어휘망으로 확장하기

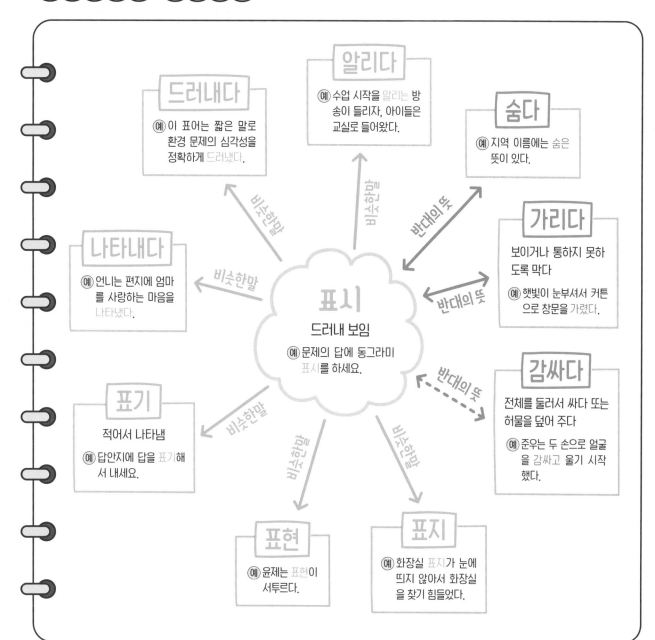

표시
드러내 보임
㉠ 문제의 답에 동그라미 표시를 하세요.

드러내다 (비슷한말)
㉠ 이 표어는 짧은 말로 환경 문제의 심각성을 정확하게 드러냈다.

알리다 (비슷한말)
㉠ 수업 시작을 알리는 방송이 들리자, 아이들은 교실로 들어왔다.

숨다 (반대의 뜻)
㉠ 지역 이름에는 숨은 뜻이 있다.

가리다 (반대의 뜻)
보이거나 통하지 못하도록 막다
㉠ 햇빛이 눈부셔서 커튼으로 창문을 가렸다.

감싸다 (반대의 뜻)
전체를 둘러서 싸다 또는 허물을 덮어 주다
㉠ 준우는 두 손으로 얼굴을 감싸고 울기 시작했다.

나타내다 (비슷한말)
㉠ 언니는 편지에 엄마를 사랑하는 마음을 나타냈다.

표기 (비슷한말)
적어서 나타냄
㉠ 답안지에 답을 표기해서 내세요.

표현 (비슷한말)
㉠ 윤제는 표현이 서투르다.

표지 (비슷한말)
㉠ 화장실 표지가 눈에 띄지 않아서 화장실을 찾기 힘들었다.

4주

사자성어로 확장하기

사자성어

군계일학(群鷄一鶴)

㉠ 군계일학이라더니, 여러 명이 춤을 추는데도 수미만 눈에 띄는구나.

닭의 무리 속에 끼어 있는 한 마리의 학이란 뜻으로, 여러 평범한 사람들 가운데에서도 드러나는 뛰어난 인물을 나타내요.

어휘 뜻 확인하기

1 다음 그림을 보고, 빈칸에 들어갈 알맞은 낱말을 **보기** 에서 찾아 써 보세요.

보기

버리는	보이는	알리는	끝나는

수업 시작을 (　　　) 방송이 들리자 아이들은 교실로 들어왔다.

➡ ______________________

2 '표시'를 잘 사용했으면 ○표, 잘못 사용했으면 X표 해 보세요.

(1) 선생님은 아이들에게 독특한 교육 방법을 표시했다. (　　　)

(2) 책의 감동적인 부분에 표시를 해 두었어. (　　　)

3 아래의 문장에서 빈칸에 들어갈 알맞은 말을 찾아 ○표 해 보세요.

(1) 이 표어는 짧은 말로 환경 문제의 심각성을 정확하게 (　　　). [드러냈다 | 덜어냈다]

(2) 답안지에 답을 (　　　) 해서 내세요. [표기 | 시기]

(3) 지역 이름에는 (　　　) 뜻이 있다. [숨은 | 어긴]

4 밑줄 친 말을 **보기** 중 하나로 바꾸어 올바른 문장으로 고쳐 써 보세요.

보기

생각하고	표지하고	감싸고	표시하고

준우는 두 손으로 얼굴을 <u>알리고</u> 울기 시작했다.

➡ ______________________

실전 문제 풀이

1 다음 그림에 어울리는 속담은 무엇인가요? (   )

① 마이동풍(馬耳東風)
② 조족지혈(鳥足之血)
③ 지란지교(芝蘭之交)
④ 군계일학(群鷄一鶴)

2 다음 지도에 표시된 내용으로 알맞지 않은 것을 골라 보세요. (   )

① 학교 옆에 버스 정류장이 있다.
② 학교 맞은편에 병원이 있다.
③ 병원 근처에 나무가 있다.
④ 버스 정류장 맞은편에 경찰서가 있다.

3 다음 글의 빈칸에 들어갈 낱말로 알맞은 것을 골라 보세요. (   )

> "용왕님을 위해서라면 제 간쯤이야 언제든지 내어 드릴 수 있습니다만, 지금 소인의 몸에는 간이 없사옵니다."
> 토끼는 정신을 바짝 차리고 말을 이었어요.
> "제 간이 워낙 귀하다 보니 노리는 이가 많습니다. 그래서 아무도 모르는 깊은 숲속에 간을 감추어 두고 저만 알 수 있는 (   )를 해 두었지요."

① 시기　② 포기　③ 표시　④ 추리

4일

핵심

가장 중심
사물의 가장 중심이 되거나 중요한 부분을 나타낼 때 써요.

어휘 뜻 익히기

1 위의 그림에서 슬기가 하는 말의 핵심은 무엇일까요? (　　　)

① 밍키와 놀지 않았다.　② 숙제를 다 했다.
③ 엄마와 이야기를 나누었다.　④ 숙제를 아직 못 했다.

2 '핵심'이라는 말이 무슨 뜻일지 짐작해 보고, 알맞은 것에 ○표 해 보세요.

예외　가장 중심　주변　부수　불필요

3 낱말을 따라 쓰고 소리 내어 읽어 보세요.

핵 심

어휘망으로 확장하기

핵심
가장 중심

㉠ 민혁이는 문제의 핵심을 찌르는 중요한 질문을 했다.

중심 (비슷한말)
㉠ 태양계에는 태양이 중심에 있고 태양 주변을 도는 행성이 있다.

요점 (비슷한말)
㉠ 이 책은 요점이 잘 드러나 있어서 이해하기 쉽다.

주변 (반대의 뜻)
㉠ 학교 주변에는 서점이 많다.

뼈대 (비슷한말)
1. 우리 몸의 틀을 유지하는 뼈
2. 이야기의 줄거리나 핵심 내용

㉠ 이 영화의 내용은 소설에서 뼈대를 가져와 살을 붙인 것이다.

빗나가다 (반대의 뜻)
움직임이 바르지 않다 또는 기대나 예상과 다르다

㉠ 태풍이 우리나라로 올 것이라는 예측이 완전히 빗나가서 다행이었다.

심장 (비슷한말)
1. 피를 몸 전체로 보내는 근육 기관
2. 사물의 중심이 되는 곳을 비유적으로 이르는 말

㉠ 자동차의 심장은 엔진이라고 할 수 있다.

핵심적 (파생어)
㉠ 공책에 오늘 수업의 핵심적인 내용만 적어 두었으니, 참고해.

부수적 (반대의 뜻)
중심이 되거나 기본적인 것에 붙어서 따르는 것

㉠ 이번 올림픽은 경기 외에도 부수적인 볼거리가 많아 재미있었다.

문장으로 확장하기

속담
백에서 하나를 고르다

㉠ 시험을 치기 전에 이 부분을 반복해서 공부하도록 해.
백에서 하나를 고르면 여기가 알맹이야.

백 가지 중에서 하나를 고른다는 뜻으로, 많은 것 가운데 핵심인 알맹이를 고른다는 속담이에요.

4주

어휘 뜻 확인하기

1 다음 그림을 보고, 빈칸에 들어갈 알맞은 낱말을 보기 에서 찾아 써 보세요.

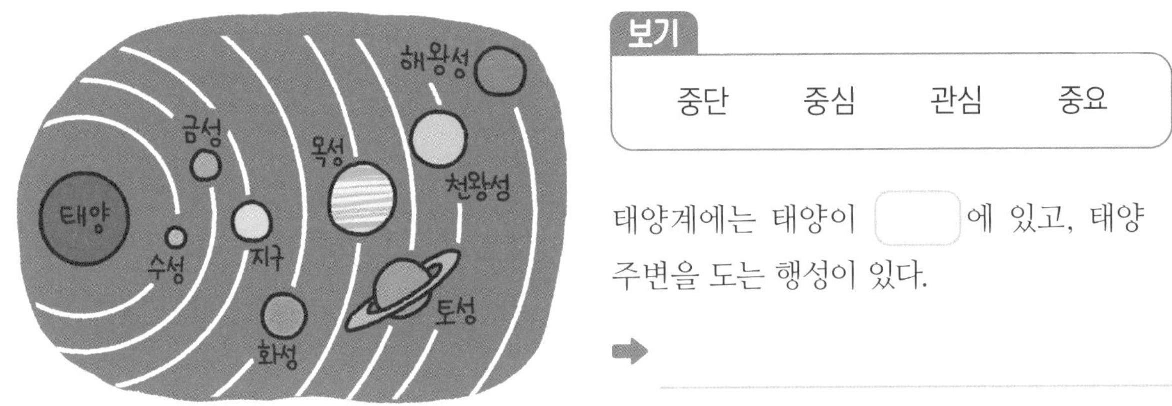

보기

중단 중심 관심 중요

태양계에는 태양이 (   )에 있고, 태양 주변을 도는 행성이 있다.

➡ ____________________

2 '핵심'을 잘 사용했으면 ○표, 잘못 사용했으면 X표 해 보세요.

(1) 민혁이는 문제의 핵심을 찌르는 질문을 했다. (   )

(2) 나는 선생님의 말이라면 모두 옳다고 핵심했다. (   )

3 아래의 문장에서 빈칸에 들어갈 알맞은 말을 찾아 ○표 해 보세요.

(1) 이 책은 (   )이 잘 드러나 있어서 이해하기 쉽다. [요점 | 단점]

(2) 이 영화의 내용은 소설에서 (   )를 가져와서 살을 붙인 것이다. [기대 | 뼈대]

(3) 이번 올림픽은 경기 외에도 (   ) 볼거리들이 많아 재미있었다. [부수적인 | 부정적인]

4 밑줄 친 말을 보기 중 하나로 바꾸어 올바른 문장으로 고쳐 써 보세요.

보기

핵심이라서 심장이라서 빛나가서 뼈대라서

태풍이 우리나라로 올 것이라는 예측이 완전히 <u>요점이라서</u> 다행이었다.

➡ ____________________

실전 문제 풀이

1 '많은 것 가운데 핵심인 알맹이를 고른다'는 뜻의 속담은 무엇일까요? (　　　)

① 백에서 하나를 고르다
② 하나만 알고 둘은 모른다
③ 열을 듣고 하나도 모른다
④ 한 푼 아끼다 백 냥 잃는다

2 그림의 대화에서 엄마 말의 핵심은 무엇인지 골라 보세요. (　　　)

엄마, 입맛이 없어요.
아침 식사는 하루를 생활하는 데 필요한 영양소를 채워 주니까 잘 챙겨 먹어야 해.

① 아침에는 입맛이 없다.
② 아침 식사를 잘 챙겨 먹어야 한다.
③ 식사는 아침에만 해야 한다.
④ 하루 중 가장 중요한 때는 저녁이다.

4주

3 다음 글의 빈칸에 들어갈 낱말로 알맞은 것을 골라 보세요. (　　　)

> "저는 몸은 이렇게 엄지처럼 작지만, 재상*님처럼 훌륭한 사람이 되어 세상의 [　　　]에 서고 싶습니다. 부디 저에게 가르침을 주십시오!"
> 재상은 당당하게 말하는 엄지동이가 기특했어요. 무엇이든 열심히 배우고 따르는 엄지동이를 집안 사람들도 모두 좋아했지요. 그중에서도 재상의 딸과는 둘도 없는 친구가 되었습니다.
> *재상: 옛날, 임금님을 도와서 일하던 최고 책임자

① 근처　　② 둘레　　③ 중심　　④ 주변

형식

겉모양 또는 일정한 방법

겉으로 나타나 보이는 모양 또는 일정한 순서나 방법을 나타내는 말이에요.

언니, 나 이번 주말에
내가 좋아하는 배우 팬미팅 간다!
오! 성공했구나!
티켓팅 성공!
나… 울어!

좋겠다! 그때 콘서트 형식으로
한다고 했었나?
아~ 너무 설렌다!

맞아! 멋진 무대를 볼 수 있을 것 같아.

형식만 신경 쓴 공연이 아니라,
내용도 꽉 채운 공연이면 좋겠네.
아~ 기대된다!

어휘 뜻 익히기

1 위의 그림에서 동생은 이번 주말에 어디에 가나요? (　　　　)

① 야구 경기장　② 클래식 공연장　③ 놀이공원　④ 배우 팬미팅

2 '형식'이라는 말이 무슨 뜻일지 짐작해 보고, 알맞지 않은 것에 ○표 해 보세요.

겉모양　속뜻　일정한 순서　일정한 방법

3 낱말을 따라 쓰고 소리 내어 읽어 보세요.

형 식

어휘망으로 확장하기

형식
겉모양 또는 일정한 방법

㉠ 국어 시간에 행복을 주제로 한 자유로운 형식의 글을 썼다.

틀 (비슷한말)
만들려는 물건의 모양을 잡는 것 또는 일정한 격식이나 형식

㉠ 틀에 박힌 교육으로 인해 우리는 점점 창의성을 잃어 가는 게 아닐까?

모양 (비슷한말)
겉으로 나타나는 생김새 또는 일이 되어 나가는 꼴

㉠ 사람들이 살아가는 모양은 가지각색이다.

속뜻 (반대의 뜻)
마음속에 품고 있는 뜻

㉠ 선생님 말씀의 속뜻을 이제야 알았다.

형태 (비슷한말)
사물의 생김새 또는 구조나 전체를 이루고 있는 것이 일정하게 갖추고 있는 모양

㉠ 동생의 옷은 소매가 날개 형태로 되어 있다.

의미 (반대의 뜻)
말이나 글, 행동, 현상이 지닌 뜻

㉠ 그의 시에서 '꽃'은 아름다운 사람이라는 의미로 쓰였다.

꼴 (비슷한말)
겉으로 보이는 사물의 모양

㉠ 교실의 책상은 네모난 꼴이었다.

형식적 (파생어)

㉠ 형식적인 인사만 하지 말고 말 한마디라도 따뜻하게 해 주세요.

내용 (반대의 뜻)
1. 그릇이나 상자 안에 든 것
2. 사물의 속내를 이루는 것

㉠ 형식만 따지지 말고 내용에 충실해야 해.

문장으로 확장하기

속담 눈 가리고 아웅

㉠ 강이 이렇게 병들어 가는데 눈 가리고 아웅으로 쓰레기만 주우면 된다고 생각하지 맙시다!

얕은 수로 사람을 속이거나 별 보람도 없는 일을 형식적으로 하는 척한다는 뜻의 속담이에요.

4주

어휘 뜻 확인하기

1 다음 그림을 보고, 빈칸에 들어갈 알맞은 낱말을 보기 에서 찾아 써 보세요.

보기

형편　　형태　　형사　　형성

동생의 옷은 소매가 날개 (　　　)(으)로 되어 있다.

➡ ________________

2 '형식'을 잘 사용했으면 ○표, 잘못 사용했으면 X표 해 보세요.

(1) 국어 시간에 행복을 주제로 한 자유로운 형식의 글을 썼다. (　　　)

(2) 바른 형식을 가진 동생은 어려운 사람을 보면 언제나 도와주었다. (　　　)

3 아래의 문장에서 빈칸에 들어갈 알맞은 말을 찾아 ○표 해 보세요.

(1) 사람들이 살아가는 (　　　)은 가지각색이다. [모양 | 영양]

(2) (　　　)에 박힌 교육으로 인해 우리는 점점 창의성을 잃어 가는 게 아닐까? [뜻 | 틀]

(3) 선생님 말씀의 (　　　)(을)를 이제야 알았다. [속뜻 | 속도]

4 밑줄 친 말을 보기 중 하나로 바꾸어 올바른 문장으로 고쳐 써 보세요.

보기

의리　　의미　　흥미　　재미

그의 시에서 '꽃'은 아름다운 사람이라는 <u>틀</u>로 쓰였다.

➡ ________________

실전 문제 풀이

1 다음 그림에 어울리는 속담은 무엇인가요? (　　　)

① 눈 가리고 아웅
② 내 코가 석 자
③ 뛰어야 벼룩
④ 눈이 보배다

4주

2 오늘날 가족의 형태에 대한 설명으로 알맞은 것을 골라 보세요. (　　　)

① 가족의 형태는 오직 하나뿐이다.
② 대가족이 점점 많아지고 있다.
③ 우리 가족과 다른 형태의 가족은 가족이 아니다.
④ 재혼 가족, 한 부모 가족, 다문화 가족 등 다양한 모습이 있다.

3 다음 글의 빈칸에 들어갈 낱말로 알맞지 않은 것을 골라 보세요. (　　　)

거북이와 자라는 얼핏 보면 비슷한 (　　　)(이)라서 구별하기 어렵지만 여러 가지 다른 점이 있습니다. 먼저 거북이의 등껍질은 뼈로 이루어져 있어서 단단하고 무늬가 있지만, 자라의 등껍질은 피부기 때문에 부드럽고 무늬가 없습니다. 또 거북이는 이빨이 없어서 강한 턱뼈를 이용해 먹이를 잘라 먹지만, 자라는 힘세고 강한 이빨을 사용해 먹이를 먹습니다.

① 의미　　② 형태　　③ 생김새　　④ 모양

확인 학습

1 다음 문장에 들어갈 알맞은 낱말을 보기 에서 찾아 써 보세요.

보기

표시 표정 임시 암시

성분이 ________ 되지 않은 식품을 먹고 배탈이 났다.

2 '핵심'을 잘 사용했으면 ○표, 잘못 사용했으면 X표 해 보세요.

(1) 자동차의 핵심은 엔진이라고 할 수 있다. (   )

(2) 이진이는 계속 울어서 눈 핵심이 부었다. (   )

3 아래의 문장에서 빈칸에 들어갈 알맞은 말을 찾아 ○표 해 보세요.

(1) 이 사건에 대한 경찰의 [   ]는 완전히 빗나갔다. 추리 | 원리

(2) 기상청은 올겨울이 예년보다 더 추울 것으로 [   ]했습니다. 예민 | 예측

(3) 번호표의 숫자를 보면서 입장 순서를 [   ]해 보았다. 짐작 | 짐짓

4 밑줄 친 말을 보기 중 하나로 바꾸어 올바른 문장으로 고쳐 써 보세요.

보기

도심 애국심 무관심 탐구심

과학 박물관을 관람하면서 과학에 대한 무신경을 키울 수 있다.

➡

5 다음 문장의 순서가 바르게 되도록 다시 써 보세요.

도전했다. / 새로운 / 미술 형식에 / 그 화가는

➡

종합 문제

'여러 평범한 사람들 가운데에서도 드러나는 뛰어난 인물'을 뜻하는 사자성어는 무엇일까요? (　　　)

① 주마간산(走馬看山)
② 군계일학(群鷄一鶴)
③ 명약관화(明若觀火)
④ 단도직입(單刀直入)

다음 그림에서 수정이는 어떤 책을 읽고 있는지 골라 보세요. (　　　)

① 위인전
② 동시
③ 추리 소설
④ 전래 동화

다음 글의 빈칸에 들어갈 낱말로 알맞은 것을 골라 보세요. (　　　)

> "우리 마을 입구에는 커다란 참나무가 있어요. 그래서 아직 나를 사랑한다면 참나무에 노란 손수건을 달아 [　　　]해 달라고 편지에 썼지요. 손수건이 없다면 나는 이 버스에서 내리지 않고 멀리 떠날 거예요."
> 이야기를 들은 버스 안 사람들은 모두 숨죽여 참나무가 보이기만을 기다렸습니다.
> 그때였어요.
> "우아!"
> 버스 안 사람들은 모두 환호하며 손뼉을 쳤습니다. 버스의 창밖으로 보이는 커다란 참나무에는 수백 개의 노란 손수건이 물결치고 있었습니다.

① 감시　　② 표시　　③ 지시　　④ 무시

4주

정답

1주 1일

8쪽 1. ① 2. 나아지게 함 10쪽 1. 개발 2. ○, X 3. 계발, 개척, 방관 4. 감기가 별것 아니라고 방치하면 큰 병이 될 수도 있다. 11쪽 1. ③ 2. ② 3. ③

1주 2일

12쪽 1. ③ 2. 있는 그대로 14쪽 1. 합리적 2. ○, X 3. 공정, 중립, 감정적 4. 그렇게 앞뒤 없이 화를 내다니, 너는 정말 비이성적이구나. 15쪽 1. ② 2. ① 3. ①

1주 3일

16쪽 1. ③ 2. 마무리 18쪽 1. 결국 2. X, ○ 3. 끝, 결말, 머리 4. 서론은 머리말이라고도 부른다. 19쪽 1. ③ 2. ③ 3. ①

1주 4일

20쪽 1. ② 2. 생각하고 헤아림 22쪽 1. 심사숙고 2. X, ○ 3. 계산, 생각, 근시안 4. 무슨 일이 생겼는지 대충 들어서 내용을 잘 모르겠어. 좀 더 자세히 말해 봐. 23쪽 1. ③ 2. ① 3. ③

1주 5일

24쪽 1. ② 2. 특별하게 다름 26쪽 1. 특유 2. ○, X 3. 특별, 특이해서, 통상 4. 봄에 개나리는 길가에서 흔히 볼 수 있다. 27쪽 1. ④ 2. ③ 3. ②

확인 학습

28쪽 1. 고려 2. ○, X 3. 결론, 귀결, 시작 4. 저 판사는 어떤 상황에서도 객관성을 지키며 공정하게 판정한다. 5. 오이는 향이 독특해서 싫어하는 사람이 많아.

종합 문제

29쪽 1. ③ 2. ④ 3. ①

2주 1일

30쪽 1. ③ 2. 매우 확실하다 32쪽 1. 틀림없이 2. X, ○ 3. 선명, 확실, 명확 4. 친구가 대답을 애매하게 해서 부탁을 들어주겠다는 건지 아닌지 알 수가 없다. 33쪽 1. ① 2. ② 3. ④

2주 2일

34쪽 1. ② 2. 중요하지 않게 생각함 36쪽 1. 중시 2. ○, X 3. 업신여기면, 중요시하기, 멸시 4. 모든 생명을 귀하게 여겨야 한다. 37쪽 1. ④ 2. ② 3. ③

2주 3일

38쪽 1. ③ 2. 되풀이함 40쪽 1. 되풀이 2. ○, X 3. 거듭, 또, 단번 4. 환경에 대한 관심이 일회성으로 끝나서는 안 된다. 41쪽 1. ① 2. ④ 3. ②

2주 4일

42쪽 1. ③ 2. 생각을 형태로 나타냄 44쪽 1. 신호 2. ○, X 3. 표시, 기호, 감출 4. 나는 언니에게 서운한 마음을 숨겼지만, 사실 무척 속상했다. 45쪽 1. ③ 2. ③ 3. ②

2주 5일

46쪽 1. ③ 2. 벗어나는 일 48쪽 1. 별도 2. ○, X 3. 상례, 열외, 원칙 4. 새우나 게, 가재 같은 대부분의 갑각류는 익히면 붉게 변한다. 49쪽 1. ④ 2. ② 3. ②

확인 학습

50쪽 1. 반복 2. X, ○ 3. 막연하니, 명확하지, 명백하게 4. 보통 빛은 시작, 어둠은 끝을 상징한다.
5. 봄에 눈이 오는 것은 예외적인 일이다.

종합 문제

51쪽 1. ② 2. ② 3. ①

3주 1일

52쪽 1. ④ 2. 앞서 54쪽 1. 앞서 2. ○, X 3. 미리, 먼저, 뒤 4. 지금 할 수 있는 일을 귀찮다고 나중으로 미루지는 않겠다. 55쪽 1. ① 2. ④ 3. ①

3주 2일

56쪽 1. ② 2. 관심이 없다 58쪽 1. 주목 2. X, ○ 3. 도외시, 눈길, 느꼈다 4. 친구의 간절한 부탁을 묵살하기는 쉽지 않다. 59쪽 1. ② 2. ④ 3. ①

3주 3일

60쪽 1. ① 2. 내줌 62쪽 1. 공급 2. ○, X 3. 주었다, 베풀어, 차지 4. 배구 대표팀이 오늘 금메달 획득에 나섭니다. 63쪽 1. ③ 2. ④ 3. ②

3주 4일

64쪽 1. ② 2. 정하거나 막음 66쪽 1. 억제 2. ○, X 3. 한계, 끊긴다, 자유 4. 그 식당은 만 원만 내면 치킨을 무제한으로 먹을 수 있다. 67쪽 1. ② 2. ④ 3. ③

3주 5일

68쪽 1. ③ 2. 많아짐 70쪽 1. 늘고 있다 2. X, ○ 3. 많아졌어요, 불어났다고, 감소 4. 아프고 난 뒤에 몸무게가 많이 줄었다. 71쪽 1. ① 2. ② 3. ③

확인 학습

72쪽 1. 제한 2. ○, X 3. 의식적, 느꼈다, 묵살 4. 농업 기술이 발전하면서 쌀의 수확량이 증가했다.
5. 태풍으로 어려움을 겪은 지역에 물과 음식을 보급하기로 했다.

종합 문제

73쪽 1. ③ 2. ③ 3. ①

4주 1일

74쪽 1. ③ 2. 아는 것으로 미루어 생각함 76쪽 1. 짐작 2. ○, X 3. 예상, 추측, 예측 4. 크게 넘어졌다던 언니는 의외로 아무렇지도 않아 보였다. 77쪽 1. ③ 2. ② 3. ④

4주 2일

78쪽 1. ④ 2. 깊이 연구함 80쪽 1. 연구 2. X, ○ 3. 탐색, 조사, 대략 4. 시간이 부족해서 대강 설명했다. 81쪽 1. ③ 2. ③ 3. ①

4주 3일

82쪽 1. ② 2. 드러내 보임 84쪽 1. 알리는 2. X, ○ 3. 드러냈다, 표기, 숨은 4. 준우는 두 손으로 얼굴을 감싸고 울기 시작했다. 85쪽 1. ④ 2. ④ 3. ③

4주 4일

86쪽 1. ④ 2. 가장 중심 88쪽 1. 중심 2. ○, X 3. 요점, 뼈대, 부수적인 4. 태풍이 우리나라로 올 것이라는 예측이 완전히 빗나가서 다행이었다. 89쪽 1. ① 2. ② 3. ③

4주 5일

90쪽 1. ④ 2. 속뜻 92쪽 1. 형태 2. ○, X 3. 모양, 틀, 속뜻 4. 그의 시에서 '꽃'은 아름다운 사람이라는 의미로 쓰였다. 93쪽 1. ① 2. ④ 3. ①

확인 학습

94쪽 1. 표시 2. ○, X 3. 추리, 예측, 짐작 4. 과학 박물관을 관람하면서 과학에 대한 탐구심을 키울 수 있다. 5. 그 화가는 새로운 미술 형식에 도전했다.

종합 문제

95쪽 1. ② 2. ③ 3. ②

놀라운 어휘 학습도구어 5

초판 1쇄 발행 2022년 11월 23일
초판 3쇄 발행 2023년 8월 10일

기획 다산스쿨 교육연구소, 북케어
글 다산스쿨 교육연구소, 손명정
그림 안주영, 이진아

펴낸이 김선식
펴낸곳 다산북스

경영총괄이사 김은영
어린이사업부총괄이사 이유남
책임편집 박슬기 **디자인** 양X호랭 DESIGN **책임마케터** 박상준
어린이콘텐츠사업4팀장 강지하 **어린이콘텐츠사업4팀** 최방울 박슬기
어린이디자인팀 남희정 남정임 김은지 이정아
마케팅본부장 권장규 **마케팅5팀** 최민용 안호성 박상준 송지은
미디어홍보본부장 정명찬 **브랜드관리팀** 안지혜 오수미 문윤정 이예주
저작권팀 한승빈 이슬 윤제희
재무관리팀 하미선 윤이경 김재경 이보람
인사총무팀 강미숙 김혜진 지석배 박예찬 황종원
제작관리팀 이소현 최완규 이지우 김소영 김진경 양지환
물류관리팀 김형기 김선진 한유현 전태환 전태연 양문현 최창우

출판등록 2005년 12월 23일 제313-2005-00277호
주소 경기도 파주시 회동길 490
전화 02-704-1724 **팩스** 02-703-2219
다산어린이 카페 cafe.naver.com/dasankids **다산어린이 블로그** blog.naver.com/stdasan
종이 신승지류유통 **인쇄** 한영문화사 **코팅** 평창피앤지 **제본** 국일문화사

ISBN 979-11-306-4205-5 (64700)
979-11-306-4200-0 (세트)

• 책값은 뒤표지에 있습니다.
• 파본은 본사 또는 구입하신 서점에서 교환해 드립니다.
• KC마크는 이 제품이 공통안전기준에 적합하였음을 의미합니다.
• 아이들이 책을 입에 대거나 모서리에 다치지 않게 주의하세요.
• 이 책은 저작권법에 의하여 보호를 받는 저작물이므로 무단 전재와 복제를 금합니다.
• 이 책은 국립국어원 표준국어대사전과 우리말샘의 어문 규정을 따랐습니다.